DE
L'ORGANISATION
DES SPECTACLES
DE PARIS.

Y.5498.
A1.a.

Par Nicolas-Etienne
Framery, d'après Barbier

(par framery)

DE
L'ORGANISATION
DES SPECTACLES
DE PARIS.

DE L'ORGANISATION DES SPECTACLES DE PARIS,

OU

ESSAI SUR LEUR FORME ACTUELLE ;

SUR les moyens de l'améliorer, par rapport au Public & aux Acteurs ; dans lequel on discute les droits respectifs de tous ceux qui concourent à leur existence, & où l'on traite les principales questions relatives à ce sujet.

Ouvrage utile dans les circonstances présentes,

ET DÉDIÉ

A LA MUNICIPALITÉ.

(par Framery).

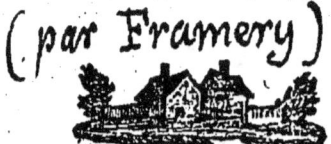
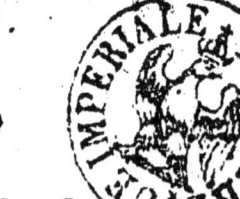

A PARIS,

Chez
{ BUISSON, Libraire, rue Haute-feuille, Hôtel de Coëtlosquet, N°. 20.
DEBRAY, Libraire, au Palais Royal, galeries de bois.

Et chez les Marchands de Nouveautés.

DE L'ORGANISATION DES SPECTACLES DE PARIS,

OU

ESSAI SUR LEUR FORME ACTUELLE;

Sur les moyens de l'améliorer, par rapport au Public & aux Acteurs; dans lequel on discute les droits respectifs de tous ceux qui concourent à leur existence, & où l'on traite les principales questions relatives à ce sujet.

Ouvrage utile dans les circonstances présentes,

ET DÉDIÉ

A LA MUNICIPALITÉ.

(*par Framery*).

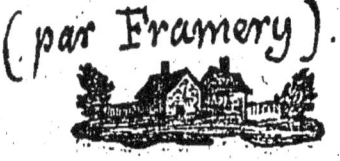

A PARIS,

Chez { BUISSON, Libraire, rue Haute-feuille, Hôtel de Coëtlosquet, N°. 20.
DEBRAY, Libraire, au Palais Royal, galeries de bois.

Et chez les Marchands de Nouveautés.

1790.

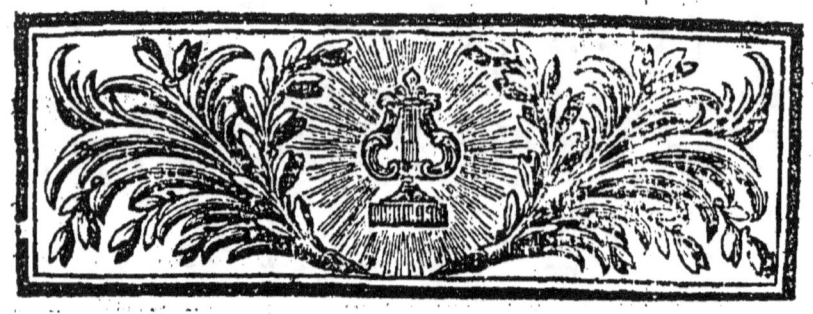

DE L'ORGANISATION
DES SPECTACLES.

La Commune de Paris s'occupe dans ce moment d'organiser les Spectacles de cette Capitale, & probablement elle aura prononcé à ce sujet avant que ce mémoire puisse paraître sous ses yeux. Mais comme elle n'est encore que provisoire, tous les arrangemens qu'elle aura pu faire à cet égard seront provisoires comme elle; & si l'on trouve ici quelque idée digne d'attention, quelque combinaison dont on veuille profiter, on pourra toujours revenir sur ce qui aura été fait. Dans le temps de l'oppression, la carrière des arts était assurément de toutes les branches d'industrie la plus chargée d'entraves, la plus soumise au régime prohibitif, quoique celle qui y répugne le plus. Nous sommes si près de ce ce temps, que nos idées n'ont pu s'élever encore jusqu'au degré de liberté que ces arts exigent, & nous avons à revenir de si loin, que nous

nous croyons bien hardis quand nous n'avons fait encore que la moitié du chemin.

Je me propose de considérer ici tous nos Spectacles sous leurs différens points de vue ; d'examiner leur constitution actuelle, d'en démontrer les vices, & de proposer celle qu'il me paraîtrait convenable d'y substituer. Je traiterai ensuite plusieurs questions incidentes, relatives à leur nombre, à leurs genres, à leurs droits, & aux droits des personnes qui concourent à leur existence. J'attaquerai quelques opinions que je regarde comme des préjugés, & que beaucoup de gens regardent comme des principes : ce sera au public à juger entre eux & nous. Je dis nous, car il s'en faut que je sois seul de mon avis.

Malgré les grands intérêts qui occupent aujourd'hui la France, ces discussions, envisagées du côté politique, ne doivent pas paraître entièrement frivoles. Quelque peu d'importance, au surplus, qu'on attache à cette matière, il n'est pas douteux qu'en 1788 personne n'aurait osé la traiter convenablement ; car alors il était à peu près égal d'attaquer la religion, le gouvernement ou la musique ; l'Arche que révéraient les Juifs n'était pas plus sacrée que l'Opéra aux yeux du ministre, & les Comédiens, faciles à irriter, étaient des ennemis non moins irréconciliables que le Clergé régulier ou irrégulier.

CHAPITRE PREMIER.
DE L'OPÉRA.

C'EST très-improprement que, même dès son origine, ce Spectacle s'est intitulé Académie Royale de musique. Louis XIV accorda ce titre en faveur du premier propriétaire du privilége, pour tâcher d'annoblir cette institution & de la faire prospérer; mais il n'en est pas moins vrai que de tous temps cette prétendue Académie fut composée de Chanteurs faisant leur métier pour de l'argent, comme les Comédiens de l'hôtel de Bourgogne & du Théâtre de Monsieur. Ce n'est pas assurément qu'il y ait de la honte à vivre de ses talens & à les exercer en public; mais enfin ce n'est pas là ce qui constitue une Académie.

Ce titre, ainsi que le genre lui-même, nous vient d'Italie; mais tous deux *ont bien changé sur la route*. Les Souverains, les petits Princes qui fourmillent en Italie, ne manquaient pas, dans toutes les fêtes où ils étalaient ce qu'ils pouvaient de magnificence, de faire exécuter un de ces Drames en musique que l'on regardait comme l'œuvre par excellence, & qui en conséquence se nommait *Opéra*. Le goût en étant devenu fort à la mode, & les fêtes n'étant pas assez fréquentes au gré des amateurs, quelques particuliers se réunirent pour en instituer à frais communs. Ceux qui les exécutaient, comme ceux qui n'en étaient que simples spectateurs, contribuaient dans une certaine proportion aux dépenses nécessaires; ceux des associés qui avaient le local le plus commode le prêtaient pour l'exécution de ces Spectacles; comme autrefois à Athènes *Académus* prêtait sa maison à des philosophes & à des savans. De-là le titre d'*Académie*, qui est encore celui de ces assemblées de musique que les particuliers reçoivent chez eux & que nous nommons *Concerts*. Ajoutez que dans ce temps il s'étoit établi en Italie, sous les dénominations les plus bizarres, un nombre prodigieux de petites Académies privées, qui n'étaient que des sociétés où l'on cultivait les sciences & les arts. On s'était réuni de même pour l'exécution des Drames lyriques; mais le public ne payait pas 20 sous à la porte pour entendre chanter les Académiciens.

Il n'est pas aussi futile qu'il pourrait le paraître d'insister sur le nom d'Académie, abusivement donné à l'entreprise de l'Opéra; car c'est à la faveur de ce beau titre, que le Roi le décora de ces priviléges exclusifs si étendus, si despotiques, & par conséquent si odieux. Ce Monarque faitueux, qui avait mis une grande partie de fa gloire à protéger tous les arts en France, était flatté d'y créer celui de la mufique, à peine connu alors dans les Eglifes, & qui ne s'était encore affocié à la langue que dans quelques airs de fociété. Il crut donc ne pouvoir jamais affez faire pour foutenir ce Spectacle naiffant dont il accorda le privilége à Lulli, fans penfer qu'il étouffait les progrès de l'art lui-même, en ne favorifant qu'un établiffement particulier; ou peut-être parce qu'il ne prévit pas qu'on voudrait donner une durée perpétuelle à des prérogatives, qu'il n'avait cru néceffaires que pour les commencemens.

Quoi qu'il en foit, l'imagination même recule devant l'étendue & les droits accordés à ce Spectacle. Ils font tels qu'il a été impoffible aux fpeculateurs, même les plus avides, de les exercer tous. D'un bout à l'autre du royaume tout Spectacle eft tributaire, eft vaffal de l'Opéra. Un malheureux maître de danfe ou d'inftrument de la ville de province la plus reculée, n'a pas le droit de vivre de fon petit talent, s'il plaît au privilégié de l'Opéra de s'y oppofer. Le Théâtre du Roi, le Théâtre de la Nation, le Théâtre François en un mot, ont été forcés de tranfiger avec l'Opéra pour avoir la permiffion de mettre cinq ou fix violons dans fon orcheftre, & de finir une Comédie par quelques rigaudons & quelques entrechats.

Les Comédiens *Italiens* avaient reçu du Roi la permission de jouer à Paris des pièces dans leur idiôme. Ce genre ne pouvant se soutenir seul, ils demandèrent à y joindre des Comédies Françaises, & malgré les oppositions des premiers Comédiens, le Roi eut assez d'autorité pour leur accorder ce droit; mais quand ils voulurent chanter, quand on voulut établir sur leur Théâtre la Comédie lyrique, l'Opéra bouffon, qui nous venait d'Italie comme l'Opéra sérieux, genre bien plus perfectionné que la Tragédie lyrique chez les deux nations, genre enfin qui n'existait pas à l'Opéra; ni l'autorité du Roi, qui venait de le prendre à son service immédiat, & qui leur donnait le titre de ses Comédiens, ni le Parlement qui venait d'homologuer leurs lettres patentes, n'eurent le pouvoir de leur accorder cette permission. Il fallut qu'ils la payassent, & les Comédiens du Roi furent obligés de tenir le chant à titre d'arrière-fief, avec 50,000 liv. de redevance des seigneurs suzerains de l'Opéra.

Louis XIV chercha même à donner à ses nouveaux Académiciens, gagés par Lulli, tout ce qu'il put de considération personnelle. On remarque cependant qu'il n'osa pas toucher aux droits ecclésiastiques, & qu'il glissa sur l'excommunication lancée contre tous ceux qui coopèrent en France à l'établissement d'un Spectacle ; mais il les en dédommagea du mieux qu'il put, en leur accordant tous les droits civils qui paraissaient alors refusés aux autres Comédiens. Il décida même que les Nobles, que les Gentilshommes pourraient être attachés à ce Spectacle sans déroger. On ne voit pas cependant qu'il ait changé l'opinion publique à leur égard ; qu'on ait accordé plus de considération personnelle à ceux qui chantaient la Tragédie qu'à ceux qui la déclamaient ; & parmi tous les Acteurs & Danseurs de l'Opéra, on ne compte pas un seul Maréchal de France.

Une chose assez bizarre, c'est que l'esprit de féodalité semblait animer les entrepreneurs de l'Opéra en raison inverse du reste de la France ; & tandis que dans ce siècle de lumières, les seigneurs de terre commençaient à rougir de leurs droits, tandis que les uns les abandonnaient tout-à-fait, & que les autres les exerçaient avec moins de rigueur, les seigneurs de la musique étendaient, multipliaient les leurs avec le plus absolu despotisme. (1) Ce n'est que sur

---

(1) Il semble que de tout temps les Arts en France, & particulièrement celui de la Musique, aient été condamnés au régime arbitraire. On connaît l'existence du Roi des violons, qui n'a fini que de nos jours ; ce Roi

ces derniers temps que les petits Spectacles ont été vexés comme les Spectacles royaux, & dans une proportion beaucoup plus forte ; qu'on arrachait à ces infortunés, pour prix de leur existence, le plus clair de leur recette. C'est dans ces temps qu'on a vu l'Opéra survendre au Théâtre Italien le privilége exclusif de l'Opéra bouffon, & revendre ensuite à d'autres le privilége de l'Opéra bouffon ; employer la ruse, les menaces & les violences de l'autorité, pour obliger ce Théâtre de contracter un nouveau bail, le renfermer dans l'étroite observation de toutes les clauses, & en violer lui-même toutes les clauses ; lui imposer (& par conséquent au public) la privation d'un genre dont il ne pouvait lui-même ni ne voulait jouir, prétendre l'en dédommager par des garanties, & ne maintenir aucune de ces garanties (1).

C'est à ces conditions, c'est en dîmant sur

dépouillé peu à peu de son pouvoir, n'a pas laissé que d'avoir autrefois des prérogatives assez grandes ; mais il faut convenir que l'*aristocratie* qui s'est élevée sur les ruines de cette institution monarchique, en a terriblement outrepassé les pouvoirs.

(1) Dans le bail que le Théatre Italien a passé pour trente ans avec l'Opéra vers 1780, l'Académie s'engageait à lui garantir le droit exclusif de l'Opéra comique à quatre lieues à la ronde ; mais cette exclusion n'eut jamais lieu. Différentes Troupes continuant de jouer ce genre aux environs de

sur les fruits de la sueur des autres, c'est en
pressurant leur industrie, que des entrepreneurs
se présentaient pour faire valoir l'Opéra; c'est en

Paris, & jusqu'au Bois de Boulogne. Au Palais royal même,
les Beaujolois en obtinrent la concession de l'Opéra, avec
des modifications très-légères. Le Théâtre de MONSIEUR
ayant depuis obtenu ce même droit, sans que l'Opéra ait
pu s'y opposer, les Italiens n'ont eu d'autre indemnité
qu'une diminution de 20,000 sur leur redevance; mais
comme le Théâtre de MONSIEUR en payait une de 30,000
livres, l'Opéra loin d'y perdre a encore gagné 10,000 liv.
à cet arrangement. Dans ce même bail où l'Opéra interdit aux Italiens le droit de jouer aucune Pièce parodiée
sur musique étrangère, il s'engage en même temps à ne pas
prendre ses pièces ni ses airs pour en faire des Ballets pantomimes, & depuis ce temps on a donné à l'Opéra deux
ou trois Ballets, dont la musique & le sujet appartenaient
aux Italiens.

Mais lorsque l'Opéra se jouait ainsi de ses engagemens,
il ne se montrait pas moins rigoureux envers ses obligés.
Une Débutante aux Italiens, dans je ne sais plus quelle
Pièce Espagnole, s'avisa de chanter un petit air Espagnol:
le lendemain, assignation pour supprimer cet air; mais
comme la Débutante n'avait pas réussi, ce procès tomba
de lui-même. La *Bonne Fille*, Opéra traduit de M. Gol-
doni, parodié sur la musique de M. Piccini, avait été
abandonné aux Italiens comme ayant précédé de long-temps
le nouveau bail; la première fois qu'ils voulurent le donner après la signature de ce bail, ils l'affichèrent avec le
titre Italien qu'il avait toujours porté, celui de *la Buona*

exerçant ces droits aimables que les directeurs gagés cherchaient à couvrir aux yeux du Gouvernement les énormes déprédations des subalternes.

Le prétexte à toutes ces vexations, ce qui faisait pardonner au Public même ce que ces priviléges ont d'odieux, & même ce qui leur ferait trouver encore des partisans, c'est cette maxime politique si souvent répétée : *Il faut soutenir ce Spectacle admiré par les Etrangers, qui les attire en France & fait la gloire de la Nation.*

D'abord je crois que la Nation peut prétendre à beaucoup d'espèces de gloire un peu plus solides que celle qu'elle reçoit de l'Opéra. Je ne crois point du tout qu'il soit admiré par les Etrangers, au moins en totalité. Ils en estiment sans doute la danse portée chez nous à un point de perfection dont on n'approche nulle part ailleurs. Ils en aiment peut-être la magnificence, à l'égard des habits & des décorations, quoiqu'on puisse, même avec moins de dépense, perfectionner encore ces accessoires ; mais enfin, ce n'est pas là

―――――――――――――――――

Figliuola. --- Défense d'afficher à l'avenir cette Pièce avec son titre Italien. On conçoit facilement que dans un gouvernement vicieux l'intérêt personnel enfante l'oppression ; mais on ne conçoit pas qu'elle emploie des moyens aussi misérables.

l'Opéra. L'Opéra est un Spectacle de chant, & les Etrangers qui ont voyagé en Italie s'y sont accoutumés à une manière de chanter si différente de la nôtre, qu'ils ne peuvent plus y prendre aucun plaisir. Ce n'est de leur part qu'un préjugé peut-être; mais il paraît si général qu'on ne peut guères espérer de le changer.

Je ne crois pas plus que ce Spectacle attire les Etrangers en France. Les Etrangers viennent à Paris, pour voir Paris avec tout ce qu'il contient : ses Spectacles comme autre chose ; l'Opéra comme les autres Spectacles. S'il n'y avait point d'Opéra, ils n'y viendraient ni plus, ni moins. D'ailleurs, s'il n'y avait point d'Opéra, quelqu'autre grand Théâtre s'établirait tout naturellement à sa place. Il y a vingt ans que l'Opéra n'était suivi par aucun amateur de Paris : il était donc loin de plaire aux autres Nations, & il n'en venait pas moins d'Etrangers en France. La Comédie Française, estimée dans toute l'Europe, serait bien plus faite pour attirer les Etrangers que notre Opéra qui, hors sa danse, n'est estimé nulle part, & est par-tout avantageusement remplacé par l'Opéra Italien; cependant il n'arrive à personne chez nos voisins de quitter expressément son pays pour venir voir à Paris la Comédie Française. Cette idée n'est donc qu'une ruse ministérielle, inventée pour faire prendre patience au peuple sur les sommes que l'Opéra coûte au gouvernement; ou c'est un de ces préjugés nationaux conservés précieusement par les Français, parce qu'ils flattent leur vanité.

En faut-il conclure la destruction de l'Opéra ? Non assurément, je suis loin d'en donner le conseil. Il suffit d'assister à une de ses représentations un peu brillantes, pour entendre dire par-tout : *quel dommage de laisser tomber un si beau Spectacle!* Le gouvernement doit donc tout faire pour le soutenir ? Non, car il ne le peut qu'aux dépens du trésor public, c'est-à-dire, en y faisant contribuer toute la France, & il serait injuste d'exiger de l'artisan, de l'agriculteur, de concourir à l'existence d'un Théâtre dont il ne jouit point. Il faut donc que l'Opéra se soutienne de lui-même; le gouvernement ne lui doit que sa protection.

Mais, répète-t-on sans cesse, l'Opéra n'a pas en lui-même de forces suffisantes pour son entretien; les entrepreneurs s'y sont toujours ruinés ; il a coûté cher au Roi & à la ville, entre les mains desquels il a passé successivement; on peut d'autant moins espérer d'en faire jamais une entreprise lucrative, que si quelquefois, dans des années heureuses, sur lesquelles on ne saurait compter constamment, la recette s'est élevée à l'égal de a dépense, ce n'a été qu'en forçant les ressources étrangères que l'on veut supprimer aujourd'hui.

Si cela était, s'il était vrai que l'Opéra ne peut jamais rapporter ce qu'il coûte, ce serait un mauvais Spectacle, qu'il faudrait par cela seul anéantir. Mais la preuve du contraire, c'est qu'il a toujours excité l'envie des spéculateurs qui s'y entendaient un peu ; c'est que les Sujets de l'Opéra même, qui, depuis qu'ils sont admis au comité, voient de près la recette & la dépense, ne demandent pas mieux que de s'en charger au risque de leurs appointemens ; c'est que, malgré les vices de sa constitution, malgré les abus de tout genre qui s'y sont glissés sous la domination ministérielle, il ne coûte guères que 60,000 liv. par année au Roi. Or, il ne faut pas être initié bien avant dans ces mystères d'iniquité, pour savoir qu'il ne serait pas difficile de trouver sur la dépense une réduction de 60,000 liv. Il faudrait même en trouver une plus forte, si, comme je le crois, il est injuste de faire contribuer les autres Théâtres à la splendeur de celui-ci. Ces redevances extraordinaires se montent actuellement à près de 200,000 liv. qu'il faudrait remplacer. Mais comment faisait-on en 1780, lorsque ces objets ne se montaient pas à 44,000 liv. ? c'est qu'alors la dépense ne s'élevait qu'à 870,000 liv. y compris les pensions, & qu'elle s'est successivement augmentée en proportion de la recette. Il s'agirait donc de réduire la dépense actuelle à ce qu'elle était il y a dix ans,

& même à moins, car alors il y avait déja beaucoup d'abus ; cela ne diminuerait rien de la recette qui se fait aujourd'hui, laquelle s'élève à plus d'un million.

Je ne me chargerai point de détailler les objets que l'on pourrait réduire. C'est à ceux qui spéculeront sur l'entreprise de ce Théâtre, à en étudier les abus pour les réformer. Je n'ai voulu que prouver d'une manière sommaire qu'il serait facile, sans altérer sensiblement la magnificence de l'Opéra, de mettre de niveau la recette & la dépense, & même d'y trouver assez de bénéfice pour tenter les entrepreneurs. Leur affaire sera de voir si la foule d'individus qui le composent est bien nécessaire ; si par exemple, les soixante-onze personnes dont il s'est augmenté depuis 1780, & qui ont accru la dépense de près de 150,000 liv., ont ajouté à la recette dans la même proportion ; si les fournitures de toute espèce, comprises sous le titre de dépenses extraordinaires, ne pourraient pas coûter un peu moins que 345,000 liv. établies pour moyenne (1) ; si enfin il n'y a pas

___

(1) Il n'y a guères dans ce Chapitre de dépenses que les honoraires d'Auteurs auxquels il ne faudrait pas toucher. Ils se montent à 25 ou 30,000 liv. ; le reste est la source des plus grands abus, particuliérement pour ce qui regarde la fourniture d'habits aux premiers sujets de la danse

de grandes économies à faire fur tous ces objets, fans nuire à aucune prétention légitime. Mon feul but eft de préfenter quelques réflexions fur la conftitution générale des Spectacles, & fur celle de l'Opéra en particulier.

De toutes les formes d'adminiftration que l'on peut donner à l'Opéra, la plus vicieufe eft fans contredit celle d'une régie pour le compte du Roi ou de la ville. L'Arrêt du Confeil du 17 Mars 1780 qui établit le directeur actuel, porte à l'art. V « qu'il fera régi par un directeur gé-
» néral, *avec pleine & entière liberté, fous les ordres*
» du fecrétaire d'état ayant le département de
» Paris, & *l'infpection* de la perfonne qu'il a
» choifie pour le repréfenter ». Qu'eft-ce que la pleine & entière liberté d'un directeur fous des ordres & fous une infpection ? Ces expreffions contradictoires fuffifent pour démontrer qu'avec ce régime, l'homme le plus honnête & le plus intelligent du monde, ne parviendrait jamais à faire tout le bien dont ce Spectacle ferait fufcep-tible, à en écarter tout le mal qu'il y apercevrait. Tant de gens font intéreffés à la confer-vation des abus, & des abus anciens paraiffaient

---

& du chant. On a remarqué qu'en 1779, lorfque l'Opéra étoit entre les mains de la Ville, Mlle *Guimard* feule couta environ 30,000 livres en habits.

alors si respectables aux yeux du ministre, qu'il n'était pas permis de les dévoiler, & encore moins de les réformer. (1)

Ce Spectacle, ainsi que tous les Spectacles, doit donc être donné en entreprise. On a offert celle de l'Opéra aux entrepreneurs des Variétés; cette affaire, dit-on, se négocie encore à l'instant où j'écris, & peut-être (2) sera-t-elle terminée avant ce mémoire. On prétend que ces entrepreneurs demandent d'être délivrés du quart des pauvres & du paiement des pensions; mais ces deux objets valent ensemble 133,150 liv.; & le déficit moyen n'est que de 60,500 liv. Le Gouvernement perdrait donc 72,650 liv. à

―――――――――――――――――――――――

(1) En 1780, le Ministre avait établi dans le Comité, sous le titre d'Inspecteur, un homme de sa maison, dans lequel il avait une entière confiance & qui la méritait. Cet homme plein de probité crut d'abord que sa conscience l'obligeait de donner avis de toutes les malversations dont il était témoin, & d'indiquer les réformes qu'il jugeait nécessaires. Il parla: ses avis furent toujours très-bien reçus, jamais suivis; les gens dont il avait blessé les intérêts le regardaient de travers, & ne changeaient pas de conduite; il vit que pour son repos il valait autant se taire, il toucha ses appointemens en silence, & les choses continuèrent d'aller leur train.

(2) Cette affaire a été provisoirement décidée pour la négative. Voyez *le Supplément*.

leur céder l'Opéra. D'un autre côté, est-il juste que l'Opéra paye à l'administration des pauvres un quart de sa recette, ou une somme déterminée par abonnement? & le réglement qui assure une pension aux Acteurs après un certain temps de service est-il bien avantageux, bien politique? Ces deux objets méritent d'être examinés séparément.

DU QUART DES PAUVRES.

Sous un point de vue de religion & de bienfaisance, rien n'est si convenable que de faire contribuer le luxe au soutien de l'indigence; de forcer le riche à soulager le pauvre, même à l'instant où il ne s'occupe que de ses plaisirs; de sanctifier la fréquentation des Spectacles, en attachant à cette action criminelle, selon les Théologiens, profane au moins selon le monde, une œuvre de charité en forme de réparation. Ce serait la matière d'une très-belle dissertation chrétienne ou philosophique. Mais en examinant à fonds cette proposition, en la dépouillant de toute rhétorique, & ne s'attachant qu'à ce qu'elle a de réel, on trouve seulement que le Roi tire de son trésor, c'est-à-dire du trésor de la Nation, 72,000 liv., pour avoir le plaisir de donner

B

l'Opéra au peuple ; que les riches n'ont pas donné un fou de plus, & que les pauvres, fi cette répartition a été faite fans frais, ont reçu chacun au bout de l'année environ 11 fous 6 deniers. (1)

C'eft une grande queftion de favoir comment on doit foulager les pauvres, & fi le Gouvernement doit à ceux qui ne font pas infirmes autre chofe que de la protection & les moyens de travailler. Cet examen n'eft pas de mon reffort ; je me circonfcrirai dans ce qui concerne les Spectacles.

L'évangile & la morale ordonnent de partager avec les pauvres fon fuperflu ; mais le fuperflu d'un Spectacle n'eft que dans fes bénéfices & non dans fa recette brute. Il eft donc fouverainement injufte qu'un Spectacle qui s'établit s'engage à aucune redevance envers qui que ce foit, avant de favoir s'il fera fes frais. Cette condition eft plus injufte encore lorfque ce Spectacle, établi depuis long-temps, perd conftamment chaque année ; car ce qu'il fait de moins que fes frais,

___

(1) Les repréfentations *gratis* données par les différens Spectacles, ont produit une fomme d'à peu près 62,500 liv., laquelle répartie entre cent vingt-cinq mille pauvres de tous les Diftricts, fuivant le compte rendu à la Commune, leur a valu à chacun 10 fous.

il le doit, & des engagemens envers ſes créanciers ſont bien plus ſacrés qu'envers les pauvres; mais elle eſt à la fois injuſte & ridicule, lorſqu'elle porte ſur un Spectacle régi aux frais du Roi.

Qu'eſt-ce en effet que la contribution des pauvres exigée de tous les Spectacles ? c'eſt la clauſe d'un contrat par lequel on leur vend la permiſſion d'exiſter. Qui impoſait cette clauſe dans l'ancien gouvernement ? le Roi, de qui émanaient tous les ordres. A qui le Roi l'impoſait-il à l'égard de l'Opéra ? à lui-même. On a eſtimé ſoixante & quelques mille livres par an le déficit moyen de cette entrepriſe : la contribution des pauvres eſt de ſoixante & douze ; ainſi le Roi n'aurait rien perdu à garder ce Spectacle, s'il ſe fût diſpenſé de la payer.

Mais, dira-t-on, les pauvres auraient perdu cette ſomme, & les droits de l'humanité parlent plus haut que les intérêts du luxe. — Il y a dix ans, nous avions moitié moins de Spectacles, & ſurement il y avait moins de pauvres, & ſurement leur ſort était moins malheureux. Si des conſidérations politiques n'avaient pas déterminé à garder l'Opéra à quelque prix que ce fût, il ſerait anéanti & les pauvres auraient perdu de même leur 72,000 liv. c'eſt-à-dire un peu moins de 12 ſ. chacun par an.

Aujourd'hui que la Nation, ſe chargeant de la

dépense générale, ne regarde pas celle de l'Opéra comme de première nécessité ; que la Province obérée ne se soucie pas de s'épuiser encore pour entretenir le luxe de Paris ; aujourd'hui que le Roi refuse sagement d'employer ses revenus à cette superfluité ; que la ville, non moins sage, destine les siens à des établissemens plus essentiels au bonheur public ; s'il se présente des capitalistes qui, à cette condition, veuillent bien se charger de l'entreprise, concilier ainsi le goût des Parisiens avec leur intérêt, & soutenir un Spectacle à la conservation duquel on attache tant de prix, il ne faut pas balancer, ce me semble, à l'accepter.

Mais si l'Opéra ne paye plus le quart des pauvres, les autres Théâtres, qui dans ce moment ne sont guères plus florissans, refuseront aussi de le payer, & il en résultera pour les malheureux une perte considérable.

J'ai déja fait remarquer que l'Assemblée nationale devait s'occuper de leur sort ; qu'avant de songer à soulager les pauvres, elle ferait en sorte qu'il n'y eût plus de pauvres, que les fainéans qui ne méritent ni pitié ni secours. Quant aux infirmes & à ceux qui manquent de travail dans les années calamiteuses, c'est à la Nation entière à les aider, & non à des compagnies particulières. J'ai déja dit & je répéterai par-tout, qu'il n'est pas juste que toute la nation qui ne jouit pas d'un Spectacle, concoure à son entretien ; mais il n'est pas plus juste que ce Spectacle soit particulièrement grevé d'une dépense que la Nation doit prendre sur elle. La contribution levée sur les Théâtres est extrêmement onéreuse pour chacun d'eux, sans être sensiblement utile aux indigens (1). D'ailleurs je n'ai pas dit qu'ils ne dussent rien payer, mais seulement qu'on ne devait pas prélever sur leur recette avant que leur dépense fût couverte. Exigez, si vous voulez, une portion de leurs bénéfices, mais assurez avant tout leur existence, même le prix de leurs talens, & sur-tout le gage de leurs créanciers.

Un autre obstacle opposé par les entrepreneurs des Variétés est l'article des pensions dont ils demandent à être déchargés. Avant de décider si cette demande est légitime & doit leur être accordée, il y a plusieurs questions à résoudre. Est-il avantageux ou non à un Théâtre de donner des pensions à ses sujets après un certain temps de service ? Les pensions accordées aux sujets retirés doivent-elles être anéanties, réduites ou conservées en entier ? En doit-on aux sujets qui n'ont

---

(1) L'abonnement des pauvres n'est pas le même pour tous les Spectacles, mais on peut compter que la contribution générale ne produit pas à chacun des cent vingt-cinq mille pauvres des Districts de Paris plus de 2 liv. 8 s. par an, que plus d'un peut-être aura reporté au Spectacle.

pas encore fini leur temps, mais qui se sont engagés sur l'espoir d'en obtenir une ? c'est ce qu'il s'agit d'examiner.

DES PENSIONS.

Première Question.

Est-il avantageux ou non à un Théâtre, de donner des pensions à ses sujets après un certain temps de service ?

Voici, je crois, les raisons qu'on pourrait alléguer en faveur de l'affirmative.

1°. Si vous ne promettiez pas des pensions aux Acteurs pour le temps où ils se retireront, il faudrait leur donner de plus forts appointemens pendant qu'ils exercent, & alors vous augmenteriez la dépense annuelle de votre Spectacle.

2°. Ce n'est qu'avec cet espoir que l'on peut fixer un sujet à un Théâtre ; s'il lui était enlevé, un caprice, un mécontentement, la légèreté naturelle aux personnes de Spectacle, vous donneraient lieu sans cesse de craindre sa perte, sur-tout dans les momens où il paraîtrait le plus cher au Public: avantage dont il pourrait souvent abuser pour vous faire la loi. Obligés de le remplacer par un autre, vous auriez toujours des commençans, & vous ne jouiriez jamais des acteurs formés sur votre goût.

3°. Les étrangers (& ceci regarde particulièrement nos danseurs) sont très-jaloux de posséder les sujets élevés par nous dans l'art de la danse, que notre Nation porte au plus haut degré. Ils ne manqueraient pas de leur offrir des appointemens si considérables, qu'il nous serait impossible de rivaliser avec eux, & nous enleveraient ainsi nos premiers talens à mesure que nous les aurions formés. L'attente d'une pension est la seule chose qui puisse nous les attacher.

4°. Les personnes de Théâtre, accoutumées au luxe, ont ordinairement le goût de la dépense. Il est rare qu'elles songent dans leur jeunesse à faire des épargnes pour l'avenir. La plûpart en se retirant n'ont d'autre ressource que la pension promise. Si l'on changeait ce régime, on n'aurait plus que le choix de garder longtemps au Théâtre des sujets vieux, infirmes, inutiles, ou de les réduire à la mendicité.

J'ai cité ces raisons parce que ce sont celles que j'ai entendu citer communément dans le monde, & que je ne crois pas qu'on en puisse apporter d'autres pour soutenir l'usage des pensions; mais il ne sera pas difficile d'en faire sentir la faiblesse, & de démontrer que cet usage qui n'est connu qu'en France, est ce qu'il y a de plus contraire à l'avantage des Spectacles, & par conséquent aux plaisirs du public.

1°. Si l'on supprimait les pensions à venir & que l'on augmentât la paye des sujets en exercice en proportion de la perte de cette espérance, il n'est pas vrai que la dépense annuelle d'un Spectacle en fût augmentée ; elle serait au contraire diminuée d'un tiers de la pension. Car cette pension à l'Opéra pour quinze années de service est de 1500 liv., & comme elle est viagère, elle ne représente qu'un fonds de 15,000 liv., lequel réparti en quinze années de service, ne fait que 1000 liv. par an. Or, le sujet qui se retire avec 1500 liv. est remplacé par un autre qui a les mêmes appointemens, auxquels il faut ajouter la somme de 1500 liv. payée à l'acteur retiré, au lieu de celle de 1000 liv. supposée en augmentation d'appointemens.

Il y a plus : supposons qu'un sujet soit reçu à ce Théâtre à l'âge de quinze ou vingt ans, ce qui est très-commun, sur-tout parmi les femmes, & qu'il ait 8000 liv. d'appointemens ; qu'il se retire après quinze ans de service, & une pension de 1500 liv. son successeur aura de même 8000 liv. & l'entrepreneur payera en outre pour la pension du premier 1500 liv. Supposons encore que ce second se retire quinze ans après avec 15 autres cent liv.

le premier n'aura que quarante-cinq à cinquante ans, & ne fera qu'aux deux tiers de fa carrière. Le troifième fuccefſeur aura donc les mêmes 8000 liv. Plus, à payer par l'entreprife 1500 liv. au premier & 1500 liv. au fecond, total 11,000 liv. Le troifième, retiré de-même au bout de quinze ans, formera une troifième penfion de 1500 liv.; car le premier n'aura encore que foixante-cinq ans, & s'il en vit foixante-quinze, l'entreprife aura payé pendant cinquante-cinq ans, favoir:

En appointemens, à 8000 liv. . . .	440,000
En penfions, pendant 40 ans. . . .	60,000
Au fecond, pendant 25 ans. . . .	37,500
Au troifième, pendant 10 ans. . .	15,000
Total	552,500 liv.

Tandis qu'on donnant une augmentation de 1000 liv. pour fuppléer à la penfion, c'eft-à-dire, 9000 liv. d'appointemens au lieu de 8000 liv., elle n'aurait payé pendant le même intervalle de 55 ans, que 495,000

Refte de la fouftraction. . . . 57,500

Il en aurait donc coûté environ 1045 liv. de moins par an à l'entreprife, en donnant à chaque fujet 1000 liv. de plus.

Je sais qu'on m'objectera les morts qui peuvent arriver avant que la pension soit acquise ; mais dans un calcul plus rigoureux que ne peut l'être celui-ci, je ne crois pas que cette chance soit bien considérable. Je sais encore que la combinaison que j'ai supposée est rare, mais enfin elle peut arriver, & ce qu'il y a de certain, c'est que l'état des pensions de l'Opéra augmente toujours d'une manière très-sensible. En 1782 il était de . . . . 20,950 l. s.

En 1783, de 36,300
En --84, de 43,600
En --85, de 41,807
En --86, de 47,446 10
En --87, de 48,450
En --88, de 48,750
En --89, je l'ignore.
En --90, de 64,150

En huit années l'augmentation a été de 43,200 l., c'est-à-dire que les pensions ont plus que triplé dans ce court espace de temps.

Le déficit de l'Opéra n'étant porté qu'à 60,500 liv. & les pensions étant de 64,150 liv. il en résulte que si elles n'existaient pas, ce Spectacle serait en bénéfice, même sans compter sur la suppression indispensable des abus.

2°. *Ce n'est que par l'espoir des pensions que l'on peut fixer les Acteurs à un Théâtre.* Mais où est l'avantage de les fixer ? Pourquoi ne pas en changer tous les deux ou trois ans comme on fait dans les villes de province, sur les Théâtres étrangers, par toute l'Europe ? D'où vient que les Parisiens, qu'on accuse pourtant de légéreté, d'inconstance, ont toujours la manie de tenir aux mêmes figures, aux mêmes voix, à la même manière de sentir, de s'exprimer ? Pourquoi ne savent-ils pas varier leurs plaisirs comme les autres peuples ? « Mais, » dit-on, en renouvelant fréquemment les » Acteurs, on n'a jamais que des sujets médiocres; » ils nous apportent de la province des défauts, » du mauvais goût, que nous avons bien de la » peine à réformer; & c'est lorsqu'ils seront de- » venus bons par nos soins, que vous voulez qu'ils » s'en aillent ! Un Acteur qui court ne peut pas » faire d'études suivies, & s'il est né avec un grand » talent, cette vie errante lui ôte les moyens de » se perfectionner. Croit-on que Préville, que » Molé, fussent jamais parvenus au degré où nous » les avons vus, s'ils avaient constamment couru » la Province » ?

Cette objection peut avoir quelque force pour les drames déclamés; encore ne sais-je si la vie errante est un obstacle réel pour les véritables talens. Je ne sais si Molé, si Préville auraient moins gagné à étudier la nature fous différens afpects que fous un feul ; à fe former aux différentes phyfionomies des peuples variés de nos provinces, plutôt qu'au caractère uniforme des Parifiens; à compofer leur manière d'une réunion de goûts divers, au lieu de la modeler fur notre feul goût. Mais quand cela ferait, ne ferions-nous pas toujours les maîtres de garder les Acteurs qui nous conviendraient, & en qui nous découvririons le germe de ces grands talens ? Nous avons pour les fixer deux puiffans moyens, capables de fuppléer à l'efpoir des penfions : l'intérêt & l'amour-propre. L'intérêt, car la Capitale fera toujours la ville de France où les Acteurs feront le mieux payés ; & même à prix égal, imagine-t-on qu'ils ne préféraffent pas de déployer leurs talens au centre du goût & des lumières, dans une ville où le luxe & l'aifance règneront toujours plus qu'ailleurs, & où ils fe verront applaudis, confidérés, chéris ? A Londres on ne promet aucune penfion aux Acteurs, & cependant les bons reftent dans cette capitale. L'efpoir des penfions ne fert qu'à fixer les Acteurs médiocres, qui ne vous déplaifent pas affez pour les renvoyer, & qui, contens de l'indifférence du public, bien fûrs de ne pas être mieux vûs ailleurs, prennent patiemment leur parti & cherchent à gagner comme ils peuvent le temps d'une retraite utile.

Encore une fois cette objection ne regarde que la Comédie Françaife, & nous ne parlons que de l'Opéra. Ces mêmes raifons exiftent-elles pour un Spectacle de chant, où les avantages préférables & les plus réels, feront toujours, quoi qu'on en dife, la fraîcheur de la voix, le charme de la jeuneffe, la variété des ftyles & de la manière de chanter ? A Londres, où l'on paye les chanteurs plus cher que fur aucun Théâtre de l'Europe, il eft rare que l'on garde les plus fameux virtuofes plus de trois ans, tandis qu'on y en voit de médiocres y paffer prefque toute leur vie (1). C'eft que les Anglais ne font aucune attention à ces derniers, & que plus les autres leur plaifent, & plus ils défirent de les renouveler afin de ne pas fe blafer. De cette manière, chaque génération peut jouir l'un après l'autre de tous les premiers talens de l'Europe.

Je prévois qu'on me dira que l'art du chant, comme les autres arts, exige une longue habitude; qu'on n'aura que des fujets faibles, gauches & inhabiles, fi l'on ne veut que des voix jeunes & fi l'on en change fouvent ; qu'il faut du temps pour les former, & que ce n'eft pas après en avoir eu

―――――――――――――――

(1) Mme Seftini était prima buffa au Théâtre de Hay-Market en 1775. Elle eft encore à préfent feconde & troifième femme fur le même Théâtre.

la peine, & au moment d'en jouir, qu'il faut songer à les renvoyer. Quelques-uns même ajouteront que la qualité la plus essentielle à un *chanteur* de l'Opéra, c'est d'être bon *Acteur*. Que la fraîcheur & le charme de la voix ne sont rien devant le talent dramatique; que c'est à Paris seulement que ce talent s'acquiert, & qu'il faut donc y fixer les chanteurs de l'Opéra pour le leur inspirer.

Quant à ces derniers, je leur ferai la même réponse que pour la Comédie Françaife. Vos appointemens considérables & leur amour-propre les retiendront toujours parmi vous quand vous voudrez. Mais pour les autres, je leur demanderai d'abord si c'est en restant à Paris que les chanteurs se formeront sur une bonne méthode? si au contraire, les vices de la nôtre ne se perpétuent pas par la seule imitation? C'est en fréquentant nos seuls Théâtres, que nos jeunes gens conservent cette tradition de chant si déplorable, que les étrangers nous reprochent, & qui a conduit les gens de goût à désespérer pour jamais de l'art du chant parmi nous.... Il n'est pas douteux que s'ils voyageaient, sur-tout chez les autres nations, ils se perfectionneraient davantage; mais cette proposition nous mènerait trop loin. J'ajouterai qu'on m'entendrait mal, si l'on croyait que je ne veux que des sujets novices. Les Théâtres d'Italie n'emploient que des chanteurs formés dans le pays même, & cependant ils en changent fréquemment & passent tour-à-tour en revue tout ce qu'ils ont de talens supérieurs. Dans une ville quelconque, à Naples, par exemple, les troisièmes emplois sont donnés à des jeunes gens qui sortent des écoles. Ils ont peu d'art encore, mais ils en dédommagent par la pureté de leurs voix. Si on les gardait toujours, à peine s'apercevrait-on de leurs progrès, comme un enfant grandit insensiblement sous les yeux de ceux qui l'élèvent. Lorsqu'enfin ils seraient devenus habiles (& ils le seraient moins s'ils n'avaient étudiés que le goût d'un seul pays) lorsqu'ils seraient au plus haut point de leur art, on en jouirait d'autant moins qu'on ne les aurait pas comparés à d'autres, & qu'on serait las de n'entendre qu'eux. Que fait-on au contraire ? le débutant, après une ou deux saisons au plus, quitte Naples & và se former dans de petites villes obscures où le feu sacré du goût est cependant religieusement conservé. Il parcourt Alessandria, Bergamo, Cagliari, Cremona, Modena, Lucca, Pistoja, &c. S'il a profité de ses voyages, il revient à Naples digne alors des seconds rôles. Ses premiers instituteurs jouissent des espérances qu'ils en ont conçues ; il reste un peu plus longtemps avec eux. Mais sa carrière n'est pas finie ; il veut monter au premier rang, & il l'occupe en effet dans des villes du second ordre. Il visite alors Bologne,

Florence, Parmes, Verone, &c. On le rappelle à Naples pour la troisième fois; mais il y revient avec gloire : c'est sa renommée qui a formé ce dernier engagement. S'il n'a point de rivaux dans le reste de l'Italie, on l'y conservera le plus long-temps possible. S'il a des compétiteurs dont la réputation égale la sienne, on veut aussi les connaître, il leur cède la place, & va promener ses triomphes à Venise, à Milan, à Turin, & enfin à Rome où sa gloire, parvenue au plus haut degré de splendeur, excite le désir des étrangers, lorsque ses talens commencent à tourner vers leur déclin. L'Italie les a possédés dans toute leur force : quand elle les perd, elle n'est plus guère tentée de les regretter.

Qui empêche qu'on ne fasse la même chose à Paris, qu'on ne revoye deux fois, trois fois, mais à diverses reprises, des sujets qu'on aura vu naître, & qui rapporteront toujours des talens nouveaux ? Qui en empêche ? La promesse d'une pension, qui condamne à jamais le public à n'entendre que la même voix, à ne voir que la même figure, à ne connaître qu'une manière de rendre la même scène, de chanter le même morceau.

3°. La troisième objection qui regarde la danse, est sans contredit la plus forte. Les chanteurs Français ne pourront aller que de Paris dans les provinces, & les forts appointemens que peut leur donner la capitale, seront toujours un moyen

d'avoir

d'avoir ceux qu'elle voudra. Nous ne craignons pas que les Théâtres étrangers nous les enlèvent. Des chanteurs Français ne peuvent plaire qu'en France, il n'en est pas de même de nos danseurs qui plaisent dans tout l'univers. Il est bien vrai que les autres nations nous les disputeront à l'envi, qu'elles leur offriront un sort si brillant qu'il ne nous sera pas possible de soutenir la concurrence. Mais qu'arrivera-t-il enfin ? ce qui arrive en Italie à l'égard des chanteurs. Les chanteurs sont à l'Italie précisément ce que les danseurs sont à la France : elle les crée, les façonne, perfectionne leurs talens jusqu'au plus haut degré : c'est elle qui en fournit à toute l'Europe, mais cependant elle n'en manque pas. J'ai fait voir qu'elle les possède jusqu'à ce que leur réputation soit parvenue au plus haut point de gloire. C'est alors que les étrangers les appellent, mais c'est alors aussi que leur mérite commence à déchoir. D'ailleurs tous ne quittent pas si facilement leur pays. Il en est un assez grand nombre que les offres les plus brillantes ne peuvent détacher de leur patrie. Ces artistes sont aussi des Citoyens : ils en remplissent les fonctions; ils peuvent être bons époux, bons pères, & plusieurs ne voudraient pas rompre ces liens sacrés.

Il n'y a guères que cinq ou six Théâtres qui puissent payer des chanteurs Italiens & des danseurs

Français : Londres, Pétersbourg, Vienne, Madrid, Berlin, &c. Ils n'y peuvent rester qu'une ou deux années, & le goût des voyages n'est pas si commun que ces artistes veuillent parcourir tous ces divers climats. Où est l'inconvénient qu'ils en fassent deux ou trois ; que nous les perdions quatre ou cinq années, & qu'ils viennent ensuite rapporter en France peut-être encore des talens, mais surtout la fortune qu'ils auront amassée ailleurs. Compte-t-on pour rien l'amour de la patrie, amour qui vient d'être ranimé encore par notre heureuse révolution ? Citerait-on beaucoup de célèbres artistes Italiens qui aient fini leurs jours loin de l'Italie ? Combien n'en voit-on pas au contraire qui, après avoir reçu à Londres les traitemens somptueux de 1000 ou 1200 guinées, reviennent modestement & avec joie se contenter en Italie de deux ou 300 sequins ?

Il en sera de même de nos danseurs. Leurs émigrations momentanées feront couler chez nous les trésors de l'étranger. Nous en avons beaucoup d'excellens, & cette nouvelle expectative en multipliera si fort le nombre, que nous en pourrons garnir tous les grands Théâtres de l'Europe, & nous en réserver encore autant qu'il nous en faut. Ceux qui se distingueront le plus, nous en deviendront plus chers par la crainte de les voir s'éloigner. Leur absence augmentera pour nous leur mérite,

& nous en fentirons mieux le prix à leur retour.

Une dernière obfervation, c'eft que dans l'état actuel nous fommes forcés de leur accorder des congés que fans notre confentement ils auraient pris d'eux-mêmes. La crainte de perdre la penfion ferait-elle capable de les retenir? ils auraient bientôt gagné ailleurs le fonds d'une penfion viagère de 1500 liv. Ce n'eft donc pas là le motif de leur attachement à leur patrie, & l'on y pourra compter tout de même en fupprimant les penfions.

4°. La quatrième objection n'eft d'aucuns poids. Quoi! parce que des Acteurs auront manqué de conduite, vous vous croyez obligé de leur affurer un fort dans leurs vieux jours! Loin d'être favorable aux mœurs, cet établiffement n'eft bon qu'à encourager le défordre. Ceux qui calculent mal & qui ont le goût de la dépenfe, diront : » Jouiffons » toujours ; après notre retraite, nous fommes » fûrs de ne pas manquer ». Otez leur l'efpoir des penfions, ils diront au contraire : « Songeons » à ménager ; car il ne nous refterait rien fi nous » perdions le Théâtre ». En aboliffant les penfions, les Acteurs de Paris feront comme ceux de tous les Théâtres du monde; ils fe conduiront dans cet état comme dans tout autre, où l'on n'a point de penfions à efpérer. Vous aurez, fans nuire réellement à aucun individu, détruit un ufage exceffivement onéreux pour toute entreprife, & qui finira toujours par ruiner celles où il fera introduit.

Les raifons que j'ai alléguées contre les penfions de l'Opéra, ne font pas moins vraies pour les autres Théâtres. Il y a même une confidération de plus pour ceux dont les Acteurs font propriétaires en fociété ; j'en parlerai ailleurs. Mais fi l'on ceffe de donner de nouvelles penfions aux fujets de l'Opéra, que fera-t-on de celles qui exiftent ? ce font celles-là qui dans le moment préfent nuifent le plus à l'entreprife, en rendant l'exploitation difficile & en éloignant les fpéculateurs. Faudra-t-il les fupprimer, les réduire ? c'eft le fujet de la feconde Queftion.

DEUXIÈME QUESTION.

Les penfions accordées aux fujets retirés doivent-elles être anéanties, réduites ou confervées en entier ?

JE rougirais pour mes Lecteurs, fi fur un texte pareil j'étais obligé de faire un long chapître. Je n'aurais même pas mis en queftion une propofition femblable, fi elle ne fervait pas d'enveloppe à quelques abus qu'il eft bon de dévoiler.

Vous avez calculé contre les plaifirs des gens de goût & contre votre intérêt, lorfque vous avez promis à un Acteur une pension de 1500 livres au bout de quinze ans de service, de 2000 liv. au bout de vingt ans, de 2500 au bout de vingt-cinq ans; mais enfin vous l'avez promis. Cet Acteur ne s'est engagé, n'est resté avec vous qu'à cette condition. Il ne vous est plus possible d'y rien changer; la moindre diminution, le moindre retard de paiement est une souveraine injustice. Mais cela n'est vrai que pour les pensions d'Auteurs, d'Acteurs, d'employés, justement méritées, & dont les donataires ont rempli à la rigueur les conditions auxquelles on devait les leur accorder. Il en est plusieurs arrachées par la faveur, par la protection, & qui exigent de la part du Gouvernement le même examen ordonné pour toutes les autres pensions par l'Assemblée Nationale.

Assurément, si une Actrice a évidemment perdu sa santé au Théâtre par un excès de travail *musical*, & que, forcée par des infirmités de quitter avant le temps, elle ait obtenu la pension de retraite ordinaire, rien n'est plus juste & on la lui doit; mais les bontés que telle autre Actrice aura eues pour un ministre en chef ou subalterne, ne doivent pas être récompensées de même par le gouvernement.

Assurément, lorsque M. Piccinni n'a consenti à quitter sa Patrie pour la France que sur la promesse formelle d'une pension de 6000 liv. indépendante du produit de ses ouvrages, on la lui doit toute entière, & l'on a commis une injuſtice en lui faiſant ſupporter une réduction. Mais ſi quelqu'autre compoſiteur qui n'aurait pas quitté ſon pays aux mêmes conditions, & qui n'aurait pas rendu à ce Théâtre les mêmes ſervices, jouiſſait de la même penſion, elle pourrait être conteſtable, & ne mériterait pas les mêmes égards.

Aſſurément, ſi un Directeur avait vieilli dans le métier pénible & ſcabreux de conduire l'Opéra, placé ſans ceſſe entre la haine des ſujets dont les têtes ne ſont pas toujours bien organiſées, & la critique du public qui veut toujours être bien ſervi, ſans s'embarraſſer des obſtacles qui s'y oppoſent, ce Directeur mériterait d'être bien traité, quoique peut-être ſa récompenſe ne dût pas être la même que celle d'un lieutenant-général des armées du Roi; mais ſi par haſard quelque brouillon, placé inconſidérément à la tête de ce Spectacle, à force d'intrigues, d'audace & de vaines promeſſes, n'avait fait qu'y paraître pour y porter le déſordre & la ruine, cet intrus n'aurait pas, ce me ſemble, les mêmes droits que le premier Directeur ſuppoſé.

Je conclus donc à ce que toute penſion fondée ſur des engagemens publics & ſur des ſervices réels, doit être payée ſans retard & ſans réduction. Les autres doivent être diſcutées & jugées. Ce réſultat eſt évident : la troiſième queſtion eſt un peu plus embarraſſante.

TROISIÈME QUESTION.

Doit-on une pension aux sujets qui n'ont pas encore fini leur temps, mais qui se sont engagés sur l'espoir d'en obtenir une?

IL n'est pas douteux, d'après ce qui vient d'être dit, & même, sans avoir eu besoin de le dire, d'après tous les principes de la justice, qu'on ne peut rompre des engagemens que du consentement des deux parties contractantes; que si ces sujets n'acceptent aucun équivalent, que s'ils tiennent à ce que ces pensions leur soient payées, il faudra bien le faire puisqu'on s'y est obligé. Mais on ne peut les conserver sans de grands inconvéniens.

1°. L'Opéra qui, en 1782 n'en payait que pour environ 21,000 liv., en paye pour plus de 64,000 liv. en 1790. Si dans huit ou neuf ans elles étaient augmentées de la même somme, elle se monteraient à 108,000 liv., ce qui est tout le bénéfice que les plus téméraires spéculateurs puissent jamais attendre de l'Opéra.

2°. Tous les entrepreneurs qui se sont présentés ou qu'on a sollicités pour se charger de ce Spectacle, ayant demandé d'être délivrés des pensions, insisteront bien plus encore s'ils sont obligés de prendre de nouveaux engagemens de pension avec les sujets actuels, presque tous jeunes, & ne pouvant que reculer bien loin l'espoir des extinctions. Cependant si ces pensions n'étaient pas à la charge des entrepreneurs, il faudrait donc qu'elles fussent à celle du Gouvernement, c'est-à-dire de la Nation, c'est-à-dire des provinces comme de la capitale, de tous les individus du royaume dont les 99 centièmes ne vont jamais à l'Opéra.

3°. Si la pension est conservée pour les sujets actuels, comment en trouverez-vous de nouveaux pour les remplacer, sans leur accorder le même espoir ? Alors n'éternisez-vous pas un régime dont vous avez reconnu le vice ? Si vous l'abolissez & si vous cherchez à les en dédommager par des appointemens plus forts, ne sentez-vous pas tout le désordre qui naitra de cette variété de traitement ? Chacun d'eux mécontent de son sort, ainsi qu'il est dans la nature de l'homme, enviera celui de son camarade. Celui qui n'aura que 8000 liv., comptant pour rien une pension qui n'est pour lui que dans un avenir éloigné, se plaindra de ce qu'un autre moins ancien que lui aura 9000 liv. Cet autre à son tour, trouvant ses 9000 liv. à peine suffisantes, verra d'un œil de jalousie que son camarade a une retraite asfurée, tandis qu'il n'a rien de femblable à efpérer. De là des prétentions, des querelles interminables. Il faudrait bien peu connaître le cœur humain pour ne pas être fûr que les chofes fe pafferont ainfi.

Réfumons. La forme de régie pour le compte du Roi ou de la ville eft la plus vicieufe qu'on puiffe adopter pour l'Opéra ; c'eft une fource d'abus fans ceffe renaiffante. Il faut donc mettre ce Spectacle en entreprife. Mais dans ce moment de difcrédit, de bouleverfement général, qui fera long-temps encore fi funefte au luxe, & par conféquent à la profpérité des Spectacles, il eft difficile de trouver des capitaliftes qui veuillent rifquer des fonds dans une affaire auffi périlleufe que l'a été jufqu'ici l'Opera. Ceux qui fe font préfentés depuis peu n'offraient fans doute aucune folidité réelle, puifqu'on les a éconduits ; on s'eft adreffé à d'autres dont les fuccès, dans une entreprife à peu près du même genre, étaient faits pour infpirer plus de confiance ; ils n'y ont confenti qu'à la condition d'être délivrés du quart des pauvres & des penfions préfentes & à venir.

Pour le quart des pauvres, je crois avoir démontré que rien n'eft plus jufte que de l'abolir. Quant aux penfions, c'eft autre chofe ; il faut qu'elles foient payées, & elles ne doivent pas l'être par le Gouvernement ; d'ailleurs j'obferverais à ces entrepreneurs que la perte moyenne des dix dernières années de l'Opéra n'eſt que d'environ 60,000 liv., & qu'on leur en ôte 72 ; voilà donc déja 12,000 liv. de bénéfice net. S'ils objectaient que les Spectacles ne ſont plus & ne feront pas de long-temps ce qu'ils étaient ſeulement les ſix premiers mois de l'année dernière, que les redevances des autres Spectacles devant être éteintes forment un objet de près de 200,000 liv. & qu'il faut compter par conſéquent ſur un déficit bien plus conſidérable, je répondrais qu'ils doivent calculer auſſi les réformes prodigieuſes qu'ils ont à faire, les abus nombreux qu'ils ont à ſupprimer, & ſur-tout l'avantage inappréciable que donnerait à ce Spectacle la nouvelle ſalle du Palais royal.

Ils objecteront encore que les ſujets qui compoſent aujourd'hui l'Opéra, ſoit par amour-propre ſoit par quelque autre motif, ſe refuſent obſtinément à voir affermer leurs talens; qu'ils ne veulent appartenir ni à ces entrepreneurs ni à d'autres, & qu'il eſt difficile de régir des gens malgré eux; que cette conſidération a d'autant plus de poids, qu'étant réſolus à échanger les penſions promiſes aux ſujets actuels contre un autre genre de traitement, ils ne pourraient y réuſſir qu'en arrangeant cet objet à l'amiable, & qu'on ne saurait traiter à l'amiable avec ceux qu'on fait ſervir contre leur volonté.

A cela j'avoue que je n'ai pas de réponse. Si les sujets de l'Opéra veulent être indépendans, je ne vois pas de quel droit on pourrait s'y opposer. Quand la liberté est accordée à tous les citoyens de la France, je ne vois pas pourquoi elle serait refusée à cette classe de citoyens.

Mais puisqu'eux-mêmes ont proposé de prendre en société à leurs risques & périls l'entreprise de ce Spectacle, qu'ils ont déja régi, dont ils connaissent le fort & le faible, les avantages & les inconvéniens, pourquoi leurs propositions ne seraient-elles pas écoutées. Voyons s'il serait possible de les accepter, & à quelles conditions.

QUATRIÈME QUESTION.

Est-il convenable, est-il avantageux de donner l'entreprise de l'Opéra aux sujets actuels, réunis en société?

Ce n'est pas un bon régime pour un Spectacle que celui d'une société d'Acteurs qui n'en ont point la propriété permanente; en voici une partie des inconvéniens.

1°. L'intérêt qu'ils ont dans l'affaire n'étant que momentanée pour eux, le bien général se trouve sans cesse en opposition avec le bien particulier,

& l'on conçoit aisément que c'est toujours ce dernier qui l'emporte.

2°. L'autorité peut bien être partagée également, mais elle ne saurait être réellement égale, parce que l'art de commander n'appartient pas à tous les hommes. Les plus hardis s'en emparent; les plus faibles n'osant opposer ouvertement la résistance, emploient de petits moyens obscurs & détournés pour parvenir à leurs fins, & de là des cabales & des dissentions perpétuelles.

3°. Pour remédier autant que possible aux abus d'autorité, les sociétaires établissent entre eux des droits, & particulièrement le droit d'ancienneté, le plus naturel de tous en général, mais pour un Spectacle le plus nuisible à l'intérêt du public. Il s'en faut bien que les Acteurs les plus anciens soient toujours ceux qui doivent plaire le plus, & cependant ce sont ceux qui se montreront le plus souvent s'ils y trouvent leur avantage, puisqu'ils s'en seront arrogé le droit. Combien n'a-t-on pas vu sur les Théâtres gouvernés par ce régime, de jeunes talens, donnant déja des espérances, étouffés par les prétentions de leurs anciens, qui ne les laissaient jamais paraître, dans la crainte qu'ils ne se conciliassent la bienveillance publique & de les voir préférés à eux!

4°. Il en est de même pour les sujets à renouveler. Lorsqu'un emploi manque d'un double, croit-on que le chef de cet emploi permette à un talent véritable de venir le seconder? Pour peu qu'il ait d'autorité parmi ses camarades, ne l'emploira-t-il pas toute entière à écarter un rival redoutable & qui pourrait l'éclipser?

5°. Si cette forme de Gouvernement est nuisible à la partie dramatique d'un Théâtre, elle ne l'est pas moins à la partie économique. La propriété n'étant point individuelle, chacun des sociétaires ne s'y intéresse que pour le temps qu'il doit en jouir, & ce temps est toujours peu considérable; car ce n'est pas en entrant dans la société qu'ils peuvent se mêler efficacement des affaires d'intérêt; ce n'est que lorsque le temps & leur âge leur a mérité la confiance des autres & a donné un certain poids à leur manière de gérer. Mais alors ils sont voisins de l'époque de leur retraite, & il leur suffit que la machine aille passablement jusqu'à ce que ce temps soit arrivé. Aussi, lorsque des sociétaires font un emprunt, ils ont intérêt à en éloigner le remboursement, autant qu'il est possible. Eh! pourquoi voudriez-vous qu'ils se gênassent pour faire le bien de leurs successeurs? Ceux-ci ont de pareils motifs pour agir de même. Cependant les emprunts se multiplient, les intérêts s'accumulent, & la dette générale finit par tout absorber.

6°. A ces vices qui sont communs à toute

administration de ce genre, il en faut joindre d'autres particuliers à l'Opéra. Les Acteurs qui composent la Comédie Françaife, par exemple, ont tous un genre de talent, pour ainfi dire, homogène. Ils jouent tous la Comédie, la Tragédie; ils coopèrent tous à peu près de la même manière & dans la même proportion au bien général. Marchant tous fur la même ligne vers le même but, il ne peut y avoir à cet égard de divifion entre eux. Mais l'Opéra eft compofé d'un bien plus grand nombre de parties disjointes & de nature différente. Le chant, la danfe, l'orcheftre même a fait valoir fes prétentions : tous fe prétendent égaux en droits; de manière que fi la fociété devait être compofée feulement des chefs de chaque partie effentielle, on y verrait celui de chaque emploi dans le chant, de chaque genre dans la danfe, celui de l'orcheftre, le maître qui conduit les chœurs, le chef chargé de la partie des habits, le chef chargé de la partie des décorations; & tels font en effet les membres qui compofent actuellement le comité.

Quelle fource de difcorde, que cette confufion d'intérêts, que cette rivalité de prétentions ! Dans combien d'occafions les Chanteurs ne pourront-ils pas dire : « l'Opéra eft un Spectacle de chant, » donc le chant en eft la feule partie effentielle ». Les Danfeurs ne manqueraient pas d'alléguer des faits appuyés sur une longue expérience, pour prouver que la danse seule a toujours soutenu l'Opéra. « Eh! que feraient sans nous les Chanteurs & les » Danseurs ? » s'écriera l'orchestre. « L'Opéra peut-» il se passer de chœurs ? » dira celui qui les mène ; » ni d'habits assurément, » ajoutera le Costumier. Le Décorateur parlera un peu moins haut, depuis que ce Spectacle n'emploie plus de grandes machines ; cependant il fera encore entendre sa voix. Il n'y a que les compositeurs de musique & de paroles qui ne seront pas admis dans ce débat, sans doute parce que leur talent n'est que secondaire, & qu'on peut aisément s'en passer.

Ce n'est pas tout : je n'ai compris dans cette tour de Babel que les chefs de chaque partie, mais il y a un bien plus grand nombre de seconds, qu'on nomme *remplacemens ;* de troisièmes, de quatrièmes, qu'on appelle *doubles.* Ceux-là ne pouvant être membres de la société, en deviendront peut-être les esclaves. Pensionnés par les chefs, ils seront dévoués à leurs caprices ; victimes de la plus tyrannique des aristocraties, ce sera un troupeau de Nègres obligés de féconder la terre des Colons. Seulement ils auront sur les Nègres l'avantage de devenir Colons à leur tour, & de rendre un jour à leurs subordonnés les humiliations qu'ils auront reçues.

Encore un inconvénient particulier à l'Opéra,

& même aux sujets de la génération présente; ce sont leurs préventions musicales ; c'est le système exclusif qu'ils ont adopté ; c'est qu'au lieu de cette impartialité absolue, essentielle à des entrepreneurs, que l'intérêt public exige, ils ont affiché hautement un parti pour telle ou telle musique, une prédilection pour tel ou tel maître, de sorte que l'accès de leur Théâtre pourra n'être permis qu'à ceux qui se conformeront à leurs préjugés, & que les amateurs d'un genre différent verront leur goût sacrifié sans cesse au goût opposé.

D'après ce tableau, qu'assurément je n'ai pas flatté, on pensera sans doute que mon avis est de rejeter la demande des Acteurs ; point du tout : Je crois qu'il faut leur abandonner cette entreprise ; j'ose même avancer qu'il est impossible de faire autrement. La forme de société a beau être vicieuse, elle l'est encore moins que la forme de régie ; & pourvu que l'Opéra n'appartienne plus au Roi ni à la Ville, on aura toujours beaucoup gagné. La plupart des inconvéniens que j'ai allégués pourront être, sinon détruits entièrement, au moins adoucis en grande partie. Qui que ce soit n'est plus en état que les Acteurs de connaître & par conséquent de réprimer les abus, sans tout ruiner de fond en comble, comme il pourrait arriver sous de nouveaux entrepreneurs. Si l'intérêt particulier l'emporte sur l'intérêt général dans quelques cas, ce dernier aura
du moins

du moins l'avantage dans tous les autres. Il ne serait donc pas étonnant qu'entre les mains des Acteurs cette entreprise redevînt très-florissante ; cela dépendra des conditions qu'on voudra leur faire, & de la forme de constitution à laquelle ils seront soumis.

L'Académie Royale de Musique étant un établissement Royal, soutenu jusqu'ici aux dépens du trésor public, appartient donc à la Nation. Sa salle, ses dépendances, ses magasins, ses décorations, habits & ustensiles sont donc une propriété de la Municipalité, qui peut en faire l'usage qu'il lui plaira. Si la Municipalité veut en concéder l'entreprise à une compagnie quelconque, il faut, avant tout, que cette compagnie dépose entre ses mains une valeur au moins égale à celle de la propriété confiée, d'après l'estimation qui en aura été faite à dire d'experts.

Comme les pensions accordées aux sujets retirés sont hypothéquées sur l'actif de l'entreprise, & par conséquent garanties par la Ville propriétaire, il faut que la compagnie concessionnaire lui donne la même garantie. Mais comme le fonds représentatif de 64,150 liv. de rentes viagères serait trop considérable ; il suffira qu'avec la valeur estimée du mobilier, la compagnie dépose d'abord deux années de ces pensions, c'est-à-dire une somme de 128,300 liv. en y ajoutant chaque année le renouvellement de celle de 64,150 liv. sauf les extinctions qui feraient au profit de la compagnie, & dont on compterait de clerc à maître; de forte qu'il resterait toujours une année en avance entre les mains de la Municipalité. Dans le cas de refus ou d'impossibilité de renouvellement, la Ville reprendrait son entreprise & rentrerait dans tous ses droits.

Il ne faudrait pas, comme il est arrivé presque toujours, que ce dépôt fût fictif, c'est-à-dire, promis à terme & jamais effectué. Nous ne sommes plus au temps où le mépris de la fortune publique permettait ces tripotages entre les ministres & leurs favoris. La responsabilité des agens les rendra plus circonspects; & puisque la Municipalité sera obligée de rendre compte des sommes qu'elle aura dû recevoir, il est à présumer qu'elle se les fera payer rigoureusement. Il est juste aussi qu'elle paye un intérêt de cinq pour cent de la totalité de la somme déposée, puisqu'elle l'aura toujours en avance.

Il serait dressé un état de tous les effets confiés à la compagnie, & cet état renouvelé tous les ans par des commissaires nommés à cet effet, & pareillement responsables, ferait voir si ce fonds n'est pas détérioré. Dans le cas où il le serait, la Municipalité obligerait la compagnie à le rétablir, & si elle s'y refusait, la Ville le ferait elle-même des deniers restés entre ses mains, & reprendrait l'entreprise. Comme la Municipalité répond des pensions des Acteurs retirés, il n'est pas juste qu'elle augmente cette dette, & les Acteurs prenant l'entreprise à leurs risques, ne devant attendre de profits que de leur talent & de leur savoir-faire, ne peuvent pas compter sur un sort futur de la part de la Ville qui n'a pas bénéficié sur eux. Ils s'arrangeraient donc comme ils l'entendraient, mais la première condition serait de renoncer à toute espèce de pension à l'avenir. Si les Acteurs de l'Opéra consentaient à ces conditions préliminaires, & on dit qu'ils les offrent presque toutes, pourquoi n'accepterait-on pas leurs propositions comme celles d'autres entrepreneurs ?

A ce titre cette compagnie serait parfaitement libre dans ses opérations. Cependant, comme un Spectacle est un établissement public, il est convenable que la Municipalité le surveille. Cette distinction est fort délicate, & l'introduction d'un pouvoir coactif au milieu d'une compagnie libre est une chose très-dangereuse ; car on sait que c'est de l'autorité que les ministres exerçaient sur l'Opéra, ou qu'ils confiaient à des subalternes, que sont nés les grands abus qui l'encombrent aujourd'hui. Il faudrait donc donner aux nouveaux actionnaires une constitution bien cimentée, c'est-à-dire un code de lois & de réglemens qui déterminent d'une manière précise, 1°. leurs rapports les uns envers les autres ; 2°. leurs rapports envers les coopérateurs étrangers, & de ceux-ci envers eux; 3°. leurs rapports, c'est-à-dire leurs devoirs envers le Public.

Des commissaires nommés par la Municipalité seraient juges des différends nés de l'inexécution de ces lois & réglemens, & prononceraient les peines méritées par ceux qui seraient en faute. La compagnie aurait le droit de requérir leur autorité contre ceux dont elle aurait à se plaindre, mais ceux qui croiraient avoir à se plaindre d'elle, auraient aussi le même droit.

Ces commissaires jugeraient en dernier ressort les contestations que les actionnaires auraient entre eux. Mais tout coopérateur étranger qui se trouverait lésé par ce tribunal, pourrait en demander un autre composé d'un pareil nombre de personnes choisies parmi les Notables de la Municipalité, devant lequel la contestation serait reportée. Dans le cas où ce jugement serait contraire au premier, l'affaire serait renvoyée en dernier ressort devant le conseil du Département des établissemens publics, & serait plaidée tant par les parties pour le fonds de la cause, que par l'un des membres de chaque premier tribunal qui aurait à répondre de son jugement.

Hors le cas où il se trouverait des parties plaignantes, aucune personne, pas même le Département des établissemens publics, n'aurait le droit de s'immifcer dans les affaires de la compagnie; fi ce n'eft dans le cas où elle voudrait faire un emprunt, qu'elle ne pourrait jamais fe permettre fans y être autorifée. C'eft le feul moyen de fermer la porte à l'injuftice & à la faveur.

Pour remédier aux inconvéniens qui naitraient d'une affociation auffi hétérogène que l'eft aujourd'hui celle du comité, il faudrait, ce me femble, que la compagnie fût compofée des fujets du chant & de la danfe, qui font défignés fous le titre de premiers & de remplacemens.

J'en demande bien pardon aux autres. Je fens que leur amour propre pourra être bleffé de cette exclufion. Séduits par le charme apparent de l'indépendance (comme fi les deux claffes ne dépendaient pas également & uniquement des lois qui feront impofées à tous), entraînés par cet amour naturel du commandement, (comme fi le titre de Sociétaire pouvait donner réellement le droit de commander hors la loi aux fimples engagés) ils ne réfléchiront pas que des appointemens fixes, débattus de gré à gré, & affurés fur des bafes folides, font préférables aux bénéfices éventuels d'une entreprife de Spectacle, fur-tout dans les circonftances où nous nous trouvons; ils ne verront pas que n'étant liés à la chofe que par un engagement qu'ils feront maîtres de rompre ou de renouveler à chaque époque, ils feront véritablement plus libres que ceux qui, attachés à une propriété dont ils doivent compte, ne pourront pas la quitter à volonté. Ils ne sentiront pas combien le repos dont ils jouiront en faisant strictement leur devoir, est préférable à la prétendue indépendance des Sociétaires, obligés les uns envers les autres, & qui fera l'occasion perpétuelle de troubles inséparables de grands intérêts réunis. Ils m'en voudront d'avoir proposé de les exclure; mais lorsqu'il s'agit de construire une machine solide & de l'organiser du mieux qu'il sera possible, il faut bien en écarter tout ce qui pourrait la compliquer & en gêner les mouvemens.

La danse & le chant sont les seules parties constitutives de l'Opéra. L'orchestre, les chœurs, les accessoires, y sont bien essentiels, mais d'une manière secondaire, & doivent leur être subordonnés. Les chefs de ces parties doivent être appelés aux Comités, mais seulement avec voix consultative, & pour y répondre de leurs opérations. La société alors ne serait guère composée que de seize à vingt personnes, peut-être moins si l'on voulait, & ce serait toujours le mieux. Les sujets appelés Doubles n'en feraient point partie; mais par suite, lorsque leurs talens goûtés du public leur donneraient le droit de prétendre au titre de remplacement ou de premier sujet, ils pourraient à leur tour, au jugement de l'assemblée, être admis dans la société.

Il n'appartient ni à moi ni à personne de tracer le plan de cette constitution. Chaque partie doit être discutée article par article entre les intéressés, ayant pour arbitre le Département des établissemens publics. Ainsi les Sociétaires commenceraient par proposer les réglemens qui doivent les lier entre eux. Eux & leurs Doubles, dans le chant & dans la danse, se présenteraient ensuite pour déterminer ensemble les devoirs réciproques, & les différentes conditions d'engagement. L'orchestre, les chœurs, les employés de tout genre, & enfin les Auteurs de paroles & de musique, paraitraient successivement dans ces assemblées de réglemens, où chacun ferait valoir ses prétentions & ses droits. Les officiers du Département chercheraient à concilier les intérêts différens, mais seulement comme arbitres, & aucun article ne ferait adopté sans le consentement des deux parts. Une constitution établie de cette manière serait exempte d'une grande partie des vices que j'ai reprochés à celle dont j'ai tracé le tableau. Mais j'en avais puisé le modèle dans des temps d'oppression, & sous le règne du pouvoir arbitraire. Ici tous les intérêts réciproques feraient consultés & protégés également.

Si ces conditions font exactement remplies, le meilleur parti qu'on puisse prendre à mon avis sur l'entreprise de l'Opéra, c'est de la confier aux Acteurs. Eh! que peut-on risquer? S'ils servent bien le public, s'ils s'accordent entre eux, si la machine marche, que veut-on de plus? On aura satisfait des artistes, pour la plupart estimables, qui ont désiré de recueillir eux-mêmes le fruit de leurs talens, & qui répugnaient à toute domination. S'ils vont mal, si le public est mécontent, si la discorde s'empare de la société, ils en seront les premiers punis par la diminution de leur recette; l'affaire cessant de prospérer, ils n'auront plus de quoi vivre, & sentant qu'ils ne sont pas en état de la gérer, ils seront les premiers à la rendre & à se soumettre au joug d'un entrepreneur.

C'est ce qu'ils ne voudront jamais, dira-t-on. — Que feront-ils? — Ils iront en province. — Mais les troupes de province sont aussi des entreprises. Ils fuiraient donc un entrepreneur pour en adopter un autre. — Mais quelle société de capitalistes voudra d'un Spectacle abandonné par ses propres Acteurs? — Il s'en trouvera bien plutôt qu'aujourd'hui, car je compte beaucoup sur la connaissance qu'ils ont des abus pour les détruire. Quand ils ne seront plus contrariés par un ministre, ils feront nécessairement sur la dépense de grandes réductions. Si leur affaire ne réussissait pas, ce ne serait que par une diminution de recette. Mais il est toujours facile de ramener la recette en donnant de bons ouvrages qui attirent le public. Restreindre la dépense est toujours le plus difficile, parce qu'on est contrarié par tous ceux qui trouvent leur intérêt dans les déprédations.

Si les Acteurs rendaient un jour l'Opéra, ce qui ne pourrait venir que d'un désordre d'administration, comme la somme qu'ils auraient déposée répondrait de la valeur de l'actif on n'aurait rien perdu. La Municipalité aurait même gagné la suppression des pensions auxquelles les Acteurs actuels auraient renoncé. L'affaire redeviendrait presque vierge; elle se rétablirait plus brillante que jamais sous la régie d'un entrepreneur intelligent. Les sujets qui opposent aujourd'hui une si ferme résistance, devenus dociles à l'école du malheur, ne présenteraient qu'une parfaite soumission, & cette tentative aurait du moins servi à délivrer ce Spectacle du plus mauvais de tous les modes de gouvernement, celui des directeurs ou régisseurs gagés.

Il n'est pas besoin de dire qu'il faudrait abolir cette dénomination ridicule d'*Académie royale de musique*, & tous les priviléges odieux qui y sont attachés, notamment les redevances des autres Théâtres. On accorderait à la compagnie en forme de dédommagement la suppression du quart des pauvres, de toutes les pensions qui ne porteraient pas sur les Acteurs ou gagistes retirés, & même des appointemens que l'Opéra paye à quelques sujets de l'école de chant, établissement dont on pouvait tirer de grands avantages s'il avait été bien conçu, mais qui, par les vices essentiels de sa forme, sera toujours beaucoup moins utile qu'onéreux.

DE L'ÉCOLE ROYALE
DE CHANT ET DE DÉCLAMATION.

CET établissement a été fondé en 1784, & aux frais du roi : c'est dire assez qu'on n'y a pas épargné la dépense, car dans ce temps on se croyait fort à l'aise quand c'était le roi qui payait. Quand cette école serait véritablement utile & formée sur un plan convenable, il faudrait encore la supprimer ou du moins s'en défaire, par la seule raison qu'elle coûte à l'état; & le trésor de l'état étant le produit de la contribution de tous les individus de la France, il n'est pas juste que le paysan du Limousin qui n'entend jamais de musique, si ce n'est le très-faux bourdon de sa paroisse; que l'artisan des villes, même que le pauvre citoyen de Paris qui n'a aucune raison de s'intéresser à nos arts & à nos plaisirs, prenne sur les besoins de sa famille pour procurer quelques chanteurs à l'Opéra.

Je ne sais pas bien au juste jusqu'où s'élèvent les frais annuels de cet établissement. On avoue 60,000 liv.; quelques personnes disent qu'ils surpassent de beaucoup cette somme. Supposons 72,000 liv. pour être modérés, depuis six ans qu'il existe, il en a donc coûté au peuple 432,000 liv. pour avoir à l'Opéra cinq ou six personnes, dont deux ou trois au plus jouent quelquefois des rôles, & dont les autres remplissent quelques coryphées, ou se confondent modestement dans les chœurs. Il faut avouer que nous payons un peu cher un aussi mince avantage.

Voici en abrégé les défauts les plus importans de cette école. 1°. Il y a trop de maîtres dans le même emploi. La manière de l'un détruit celle de l'autre, & il n'en résulte que du trouble dans la tête de l'élève. Cette diversité de maîtres fait encore qu'aucun d'eux ne met d'amour-propre à former un sujet, que les leçons qu'ils donnent ne sont qu'un travail purement méchanique & dénué de tout intérêt. Si l'un d'eux au contraire s'attache de préférence à quelque élève, il lui sacrifie tous les autres; tout son temps, tous ses soins sont à l'objet de son choix. J'ai vu des jeunes gens de cette école attendre quelquefois pendant trois femaines, le moment d'avoir une leçon de chant.

2°. On enseigne aux élèves trop de choses à la foi. Comme on n'y donne qu'une éducation générale, il est impossible de bien consulter la capacité, & de suivre les progrès de chacun ; la distribution des leçons est donc abandonnée au hasard ou à la fantaisie. Les élèves n'étant ni logés ni nourris à l'école, c'est en six ou sept heures d'études qu'on les fait passer du solfège au chant, du chant à l'accompagnement ; de l'accompagnement à la déclamation ; de la déclamation à l'escrime ; de l'escrime à la composition, de la composition à la danse ; de la danse à l'étude de la langue, de l'histoire, de la géographie, &c. Si l'une de ces leçons leur manque, ils en peuvent prendre une autre ; ainsi cette distribution méchanique du temps, cette méthode de classer les idées pour les fixer dans la tête, si essentielle à l'éducation de la jeunesse, n'existent pas pour eux. Ce qu'il y a de pis encore, c'est qu'après ces leçons ils s'en retournent chez eux, & perdent dans la dissipation inséparable des allées & venues le peu qu'ils ont pu retenir de tout ce qu'on leur a dit.

3o. Quel but pouvait-on avoir en établissant en France une école de chant ? n'est-ce pas celui de réformer la méthode Française reconnue mauvaise ? Or cette méthode existe à l'Opéra dans toute fon impureté, & la plupart des maîtres de l'école tiennent à l'Opéra; on donne des leçons aux élèves fur des rôles d'Opéra, dont ces maîtres ont grand foin de conferver ce qu'ils appellent la *tradition*, c'eft-à-dire, tous les vices. Malheur aux autres maîtres qui voudraient introduire une manière différente. Cette tradition eft le feu facré de Vefta; & pour être plus sûr de ne pas le laiffer éteindre, on ne manque pas d'envoyer les élèves à l'Opéra pour étudier leurs modèles. L'efprit d'imitation eft un des attributs de la jeuneffe, elle faifit facilement des caricatures; auffi parmi les fujets de l'école qui ont débuté à l'Opéra, vous n'en avez pas vu en qui les défauts des premiers Acteurs ne foient religieufement confervés. Mais les qualités, mais le talent réel qui fait paffer fur ces défauts ou qui en dédommage, ne s'imite pas fi facilement.

« Mais, dira-t-on, le fondateur de cette école
» a fait tout ce qu'il falloit pour prévenir ces
» inconvéniens; il a mis à la tête du chant deux
» maîtres Italiens, M. Piccinni & M. Langlé;
» il leur en a joint un troifième, M. Guichard,
» qui fans avoir reçu dans fa propre éducation la
» même pûreté de principes, a fu néanmoins par
» un goût naturel, par une forte d'inftinct mufical,
» fe défendre de la plupart des défauts reprochés à
» l'Ecole Françaife. Comment donc arrive-t-il
» que cette précaution ne remédie à rien »?

Ce fondateur de l'école a fait tout ce qu'il pouvait faire en la confiant aux premiers talens connus ; mais n'étant pas lui-même affez inftruit dans ces fortes de matières, il s'en eft rapporté pour la conftitution de cette école à des artiftes qui n'y entendaient rien & qui ont tout gâté.

Que veut-on que faffe M. Piccinni d'un fujet de feize ou dix-fept ans, qui vient fachant déja la mufique, avec une voix toute formée & l'habitude de la mal conduire, dans laquelle ce maître trouve les vices nationaux déja fortement enracinés ? Que veut-on qu'il faffe en deux ou trois heures par jour qu'il paffe à cette école trois fois la femaine, tandis qu'il faudrait fix mois d'un travail opiniâtre & continu pour réformer ces défauts ? Ce fera bien pis fi à fes efforts on vient oppofer une tradition ; fi on lui dit que la langue Françaife ne fe prête pas à toutes les gentilleffes du chant comme la langue Italienne ; que l'expreffion de la fcène eft fur-tout ce qu'il faut confulter, &c. &c. &c. M. Piccinni ne répondra rien à tous ces préjugés qu'il ne faurait combattre ; il fe contentera donc de venir paifiblement donner fa leçon de deux heures ; les autres maîtres en feront autant ; les élèves en profiteront comme ils pourront. Cet établiffement fi difpendieux n'aura formé que des fujets deftinés à être à jamais médiocres, & loin de créer parmi nous une véritable école, comme on avait la bonne intention, notre scène lyrique se peuplera toutes les années de quelques mauvaises copies de nos premiers acteurs.

C'est d'après les Conservatoires d'Italie qu'on a voulu avoir à Paris une école de chant. Mais quelle différence dans la formation de ces deux genres d'établissemens, dans leurs effets, dans leur régime & dans leur utilité!

Les Conservatoires de Naples font des espèces d'hôpitaux, des fondations pieuses qui se soutiennent par leurs propres revenus, en y joignant les bienfaits volontaires de quelques amateurs de musique, le service que font les élèves dans quelques églises, & les pensions, quoique modiques, payées par des élèves étrangers. Ils sont ouverts à toutes les classes de citoyens, particulièrement aux plus pauvres, & fournissent des musiciens de tout genre à l'Italie entière. L'école de Paris, qui ne forme guères de sujets que pour l'Opéra, qui ne peut être utile qu'à un petit nombre de personnes, est entretenue aux dépens du trésor public.

Les Conservatoires de Naples contiennent depuis 90 élèves jusqu'à deux cents. Il n'y a que deux maîtres résidens & quatre ou cinq externes. Ils forment d'excellens chanteurs, d'excellens compositeurs & des professeurs pour les instrumens d'orcheftre. Les jeunes gens y font logés, nourris, entretenus & inftruits gratuitement pendant huit ans. L'école de Paris n'a que trente élèves & vingt maîtres, auxquels il faut en joindre encore deux ou trois de fupplément. On n'y forme que des Chanteurs pour l'Opéra, ou tout au plus pour la Comédie Italienne, quand on ne leur trouve pas affez de voix pour la grande fcène. On y apprend le violon & la baffe, mais on n'y enfeigne pas le haut-bois, la flûte, le baffon, le cor, quoique ces inftrumens foient parmi nous d'une rareté extrême, & que nous foyons obligés de les prendre prefque tous parmi les Allemands. Ces élèves, quoiqu'en petit nombre, ne font ni logés ni nourris, mais on leur donne des appointemens proportionnés aux difpofitions qu'ils montrent, ou peut-être à la protection qui follicite pour eux. Quelques-uns de ces fujets tirent auffi des appointemens de l'Opéra.

Je conclus de tout ceci que cette école, dans l'état où elle eft, ne faurait être utile; mais il ferait utile qu'il exiftât une école. La forme de celle-ci eft trop vicieufe pour être fufceptible d'amélioration, il faudrait donc la fupprimer tout-à-fait. Si, dans des temps plus heureux, on en vouloit créer une autre fur un meilleur modèle, je pourrais en indiquer les moyens, & peut être y reviendrai-je dans cet écrit.

A l'École

A *l'École royale de Chant*, en est jointe une autre de *Déclamation* simple, destinée à former des Acteurs pour le Théâtre Français. Je n'en connais pas assez bien le plan ni les principes pour en parler. A en juger par ses effets, elle a déja produit au Théâtre de la Nation des élèves de mérite, & c'est une considération en sa faveur. Je n'en dirai pas plus sur un objet que j'ignore, mais il me conduit à parler de la Comédie Française.

DU THÉATRE DE LA NATION.

CE Théâtre s'appelait autrefois *la Comédie Française*. Aussi spécialement consacré à la Tragédie qu'à la Comédie, on a senti que le titre de *Comédie* ne lui convenait pas; il s'est donc intitulé ensuite le *Théâtre Français*. Cette dénomination était parfaitement juste, elle contenait implicitement l'idée d'excellence que ce Théâtre s'attribue avec raison. Le *Théâtre Français*, exprimait le Théâtre par lequel les Français se distinguent; par lequel ils ont fait connaître leur supériorité dans l'art dramatique sur les autres nations. L'ambition des Acteurs n'en a pourtant pas été satisfaite. A la révolution, lorsque la Nation Française a brisé le joug de l'esclavage & s'est montrée digne enfin d'être comptée pour ce qu'elle vaut, les Acteurs, pour s'attacher plus particulièrement à elle, ont voulu l'associer à leur titre, & ont donné à leur Théâtre celui de *Théâtre de la Nation*. Ils n'ont pas senti combien cette dénomination est vague, insignifiante & inférieure à la première. En effet, il n'y a pas de ville, il n'y a pas de royaume, dont le Théâtre ne puisse s'appeler le Théâtre de la Nation. Il n'y a au monde que le Théâtre de la Capitale de la France qui puisse prendre le titre de *Théâtre Français*. Quand notre Monarque s'est honoré du titre de Roi des Français, nos Comédiens ne croiront pas qu'être Acteurs du Théâtre des Français soit assez pour leur gloire! Que veut dire *Théâtre de la Nation?* de quelle Nation? Est-ce le Théâtre que la Nation chérit le plus? mais cela n'est pas vrai; beaucoup de gens préfèrent l'Opéra, les Bouffons, les Variétés même. Celui qu'elle estime le plus? mais elle ne l'estime qu'en raison des ouvrages que l'on y représente, & ceux de province où l'on joue les mêmes ouvrages seraient donc aussi le Théâtre de la Nation.

Mais c'est insister trop long-temps sur une erreur de la vanité : pour peu que les Acteurs de ce Spectacle réfléchissent, ils saisiront le premier prétexte pour lui rendre le titre le plus glorieux, celui qu'ils ont abandonné sans raison, celui de

Théâtre Français. Ce n'est pas là, sans doute, la seule réforme qu'ils aient à faire.

Ces Acteurs se plaignent, & on se plaint d'eux. Ils se plaignent de ce qu'ils ont peu de monde, & de ce qu'un projet désiré, sollicité depuis long-temps par la plupart des gens de lettres & une grande partie du public, celui d'établir un second Théâtre rival en tout du leur, paraît entrer dans les vues actuelles de la Municipalité. Voyons jusqu'à quel point ces plaintes sont fondées.

Il faut convenir que les circonstances où nous nous trouvons ne sont pas favorables aux Spectacles ; non pas tant par le dérangement de presque toutes les fortunes, car on ne voit pas que le luxe soit fort diminué à d'autres égards, mais par les émigrations nombreuses, par l'absence des étrangers, & sur-tout par la continuité des assemblées de la commune & des districts, qui, en offrant aux nombreux oisifs de Paris des occupations intéressantes & gratuites, les détournent d'aller chercher ailleurs des amusemens plus dispendieux. Mais le temps approche où cet état des choses doit cesser, où l'équilibre & le calme se rétabliront dans toutes les parties ébranlées, où la Capitale verra revenir dans son sein les fugitifs, les étrangers, & offrira, sinon l'ancien aspect de son orgueilleuse opulence, au moins un état de prospérité satisfaisant. C'est alors que les Spectacles connaitront leur véritable situation.

Tous ont souffert, sans doute, mais le Théâtre Français n'a pas souffert plus que les autres ; il a peut-être souffert moins. Il a eu des succès éclatans & de circonstance, qui l'ont empêché de se ressentir autant que les autres de l'abandon général. Il est vrai qu'au milieu de ses représentations brillantes la recette journalière a singulièrement baissé. Les Acteurs attribuent cette diminution à l'éloignement de leur salle. Ils voudraient se rapprocher du centre, ils voudraient, en un mot, habiter la nouvelle salle du Palais Royal.

On peut leur répondre, 1°. que depuis qu'ils sont dans cet éloignement dont ils se plaignent, leurs parts ont monté plus haut qu'auparavant ; 2°. que leur recette n'a jamais paru dépendre de leur position locale, mais du mérite de leurs pièces nouvelles & du soin qu'ils mettaient à les représenter ; 3°. que même dans cette année désastreuse, leurs parts sont encore plus fortes qu'elles ne l'ont jamais été dans les beaux jours des Lekain, des Clairon, des Duménil ; 4°. qu'il serait honteux pour *la Nation* que son *Théâtre*, par excellence, voulût se substituer à un Spectacle naguères composé de Bâteleurs, & attendît sa subsistance du casuel que peut procurer le voisinage du Palais Royal. Sauf quelques fantaisies accidentelles,

& qui ne feront jamais durables; le meilleur de tous les Théâtres fera toujours à la longue celui qui réuffira le plus. Or il n'appartient qu'au Théâtre Français d'être le meilleur de tous les Théâtres, & c'eft à lui de le devenir. Il a, quoi qu'on en puiffe dire, la plus belle falle de Paris, il faut donc qu'il y refte. Que fes Acteurs foient auffi les meilleurs de Paris, & qu'ils donnent les meilleures pièces poffibles, ils ne manqueront jamais de fpectateurs.

Mais ils en manquent actuellement : il faudrait trouver une manière de les ramener. Je crois qu'il y en a une bien fimple. Le prix des places eft trop cher à tous les grands Spectacles. Les Parifiens n'ont pas encore diminuée leur dépenfe fur les objets de luxe autant qu'ils l'auraient dû ; mais il eft certain qu'ils l'ont diminuée à cet égard. Les idées politiques qui les occupent, en les détournant du Théâtre, les font regarder à ce que coûte cette forte d'amufement. Il faut donc fe prêter à ces circonftances paffagères, & diminuer le prix des places en général, mais au moins celles du parquet ; fixez-le à 30 fous. On eft affis pour 30 fous à celui des Variétés, & croit-on que cet avantage n'ait pas contribué, autant que le voifinage du Palais Royal, à la fortune de ce Spectacle ? Vous verrez par-tout que les places les moins chères font les mieux remplies. Il eft devenu de mode pour les gens d'un certain ton, de n'aller, au Théâtre de Monsieur, depuis qu'il est à la foire, qu'aux places de 48 sous.

Vous vous plaignez que les femmes sur-tout ont abandonné les Spectacles. Appelez au vôtre les hommes en foule. Quand il y aura des hommes pour voir, il y viendra des femmes pour être vues, & si, sans succès remarquable, vous obtenez seulement pour deux semaines une salle bien garnie, elle le sera toujours; car plus il va de monde à un Spectacle, & plus le monde veut y aller.

Les Acteurs du Théâtre Français sont persuadés de reste de toutes ces vérités : je ne leur présente pas ici une réflexion qu'ils n'aient déja faite, aussi n'est-ce pas là le grand motif de leur inquiétude. Ce qu'ils craignent le plus, c'est de voir attaquer, par l'établissement d'un second Théâtre, le privilége exclusif sur lequel ils ont fondé leur fortune, leur constitution & leur repos. Mais j'ai dit qu'on se plaignait d'eux aussi ; & si je fais voir que tous les reproches que leur font le public & les gens de lettres ne portent que sur ce privilége exclusif ; que son anéantissement serait un remède à tous les griefs ; si j'ajoute & si je démontre que ce qu'ils réclament comme propriété, n'est pas une propriété réelle, & que la rivalité qu'ils redoutent serait moins nuisible qu'avantageuse à leur propre intérêt, qu'auront-ils à dire ? oferont-ils encore demander la confervation de ce privilége dans un temps où la Nation, plus éclairée & plus puiffante, les abolit tous comme odieux & funeftes aux progrès des arts ?

On fe plaint (& c'eft le public) 1°. de ce que la Troupe fe détériore chaque jour; de ce qu'un bon Acteur qui fe retire eft remplacé par deux ou trois fujets médiocres, qui ne rendent qu'une mauvaife monnoie de fon talent. On dit que lorfqu'il manque un double dans un emploi, s'il y a dans cet emploi un excellent Acteur en province, ce n'eft pas celui-là qu'on fera venir, dans la crainte que fon fuccès ne nuife à l'Acteur en chef. Et fi par la fuite cet excellent Acteur fe préfente au début avec affez de protections pour ne pas pouvoir être écarté, c'eft en vain qu'il fe fait connaître & goûter du public : comme, grâce à la conftitution de la fociété, on ne peut renvoyer les Acteurs une fois reçus, il faut qu'il attende que la place foit vacante, & en attendant les pièces font mal jouées & les amateurs font mécontens.

On fe plaint (& ce font les gens de lettres) 2°. de ce que le Théâtre eft inabordable pour les jeunes auteurs dont la réputation n'eft pas encore faite ; de ce qu'avant d'arriver au fanctuaire de Thalie ils font repouffés par des dédains, comme ils font enfuite dégoûtés par de mauvais procédés, s'ils ont eu assez de patience, de bonheur & de protection pour y parvenir. On se plaint de ce qu'il faut un temps infini pour qu'une pièce soit lue, des cabales pour la faire recevoir, des amis puissans pour la faire jouer, & de ce qu'après tous les obstacles vaincus, si elle n'a pas un succès éclatant & soutenu, ce qui est toujours nécessairement rare, elle ne rapporte presque rien à son Auteur. On se plaint enfin de ce que le traitement pécuniaire des Auteurs ne leur offre que des avantages illusoires, & que dans le fait il n'est favorable qu'aux Acteurs. Examinons ces reproches en détail & l'un après l'autre; nous ferons voir que l'établissement d'un Théâtre rival serait le remède à tous ceux qui sont fondés.

Laissons parler à leur tour les Acteurs du Théâtre Français. « Notre troupe se détériore, diront-ils, ce
» n'est pas notre faute; les talens sont des dons
» de la nature, on ne fait pas un Comédien comme
» on fait un compagnon serrurier. Encore dans
» les arts méchaniques, l'ouvrier qui a du génie
» trouve-t-il le moyen de se distinguer. Vous
» voulez que tous nos Acteurs soient également
» distingués, donnez-leur donc à tous une égale
» portion de génie. ». -- Cette réponse n'est que captieuse. On ne se plaint pas précisément de ce que votre troupe se détériore, mais de ce qu'alors qu'elle fait des pertes, qui sont dans l'ordre natu-

rel, vous ne faites pas tout ce qu'il faudrait pour les réparer. « Nous faisons venir des Acteurs de
» la province, & il est faux que nous ne choi-
» sissions pas ceux qui ont le plus de réputation.
» Mais on devrait savoir ce que c'est que les répu-
» tations de province ; tel qu'on trouvait excel-
» lent dans sa ville, parce qu'il valait mieux que
» ceux qui l'entouraient, paraît au-dessous du
» médiocre sur la scène de Paris. C'est pour y
» remédier que nous avons obtenu une école où
» de jeunes gens formés, pour ainsi dire, sous
» les yeux de ceux à qui ils doivent plaire, en
» saisissent le goût peu à peu, & sont exempts
» des défauts que les Acteurs de province apportent
» presque toujours ».

— Cette école a elle-même un inconvénient. Elle est dirigée par plusieurs d'entre vous, qui nécessairement ont du crédit dans la Compagnie ; il est évident que leurs élèves seront toujours préférés à des Acteurs de province qui seraient meilleurs, mais qui n'auraient pas la même protection. D'ailleurs ces jeunes gens qui, dites-vous, se forment sur le goût du public, se forment bien plutôt sur la manière de leurs maîtres ; ils en adoptent les défauts ; mais comme on s'est accoutumé à les pardonner aux uns, on les pardonne de même aux autres, & l'art se perfectionne d'autant moins.

Au surplus, si les Acteurs de province sont aussi mauvais que vous le dites, s'il est si difficile d'y rencontrer deux ou trois bons sujets, il sera donc impossible d'en former une troupe complette digne de rivaliser avec vous. Pourquoi donc vous opposer à l'établissement d'un second Théâtre ? Le vôtre lui sera si supérieur qu'on le préférera toujours. On ne craindra plus que vous n'écartiez de votre compagnie les véritables talens. Vous les admettez au contraire dans la crainte qu'ils n'aillent ailleurs, & ils aimeront toujours mieux appartenir à un Théâtre établi depuis long-temps qu'à un nouveau Théâtre.

« Mais nos priviléges homologués au parle-
» ment, fondés sur des arrêts du conseil, sur des
» lettres-patentes; mais nos propriétés qui doivent
» être sacrées..... ». Je ne répondrai pas à la réclamation de vos priviléges, de vos lettres-patentes; vous savez tout ce qu'on peut dire à ce sujet. Pour vos propriétés, j'y reviendrai, n'en doutez pas ; mais je suis bien aise de passer en revue auparavant les reproches que vous font les gens de lettres.

Vous avez beau le nier, il faut bien, puisque tous les jeunes Auteurs s'en plaignent, que vous ayez en les accueillant ce ton d'orgueil qui blesse leur ame fière. Vous le dissimulez en vain sous un air de politesse : c'est la politesse des grands seigneurs qui ne fait que prouver davantage l'opinion qu'ils ont de leur supériorité. Vous n'êtes point, *dans le droit*, les supérieurs des gens de lettres, mais vous croirez l'être & vous le serez *dans le fait*, tant qu'ils seront forcés de passer par vos mains pour mettre leurs talens au jour. Un Théâtre rival du vôtre vous rendrait plus honnêtes, & vous mettrait à votre place. Mais marchons vers des objets plus importans.

Il se passe beaucoup de temps avant que les pièces soient lues. « Tant mieux, direz-vous ; beaucoup
» de jeunes gens à peine sortis du collège, &
» qui fréquentent le parterre depuis trois mois,
» prennent souvent l'effervescence de leur imagi-
» nation pour un talent réel ; ils brûlent d'imiter
» ce qu'ils voient, & pensent qu'ils vont égaler
» dès leur coup d'essai les Racine, les Voltaire,
» les Molière & les Regnard. Les obstacles que
» nous leur opposons sont propres à calmer ce
» délire. En leur faisant attendre plusieurs mois
» la lecture de leur pièce, ils ont le temps de
» la juger eux-mêmes, & de ne pas l'exposer à
» un refus ».

Messieurs les Comédiens, vous connaissez trop les jeunes Auteurs pour faire cette réponse de bonne foi. Vous savez bien que vos délais les impatientent, mais ne sauraient les éclairer. Leurs propres réflexions, les conseils étrangers sont inutiles. Jusqu'à ce qu'il ait été lu, jugé & refusé, croyez qu'ils trouveront toujours leur premier ouvrage excellent. Avez-vous quelque exemple d'une pièce inscrite pour la lecture, & que l'auteur ait retirée, si ce n'est par quelque motif de dégoût ou d'ennui ? Lisez donc les pièces à l'instant où on vous les présente. Refusez-les si vous croyez qu'elles le méritent, mais au moins que ce soit sans délai.

« Nous lisons les pièces chacune à son tour, » & si ce tour vient lentement, c'est que nous » en avons un grand nombre à lire. Nous ne » pouvons pas consacrer tout notre temps à cette » seule occupation. C'est aussi parce que nous » en avons beaucoup de reçues, que les auteurs » attendent quelquefois si long-temps le moment » de les voir jouer ».

Si vous êtes si riches, pourquoi donc vous fâcher de ce qu'un autre Théâtre vient profiter du superflu de vos richesses ? S'il se fait vingt ouvrages passables par année, & que vous n'en puissiez jouer que dix, faut-il que le public perde les dix autres ? faut-il que des gens de lettres, dont le talent n'avait quelquefois besoin que d'être mis au jour pour devenir supérieur, soient privés de cet encouragement & attendent après le fruit de leur travail ? Si le même encombrement avait existé du temps que Voltaire écrivait, combien n'aurions nous pas perdu de belles Tragédies ! Un second

Théâtre réparerait tout. Les auteurs ennuyés d'attendre s'y adresseraient; pour vous, soulagés d'une grande partie des ouvrages arriérés, vous vous remettriez bien vite au courant, vous joueriez les pièces à mesure qu'elles vous seraient présentées; on jouirait tout de suite, & chacun serait content.

« Mais qui nous assurera que ce second Théâtre
» se contentera de notre superflu & n'envahira
» pas jusqu'à notre nécessaire? que les auteurs
» séduits par sa nouveauté n'y porteront pas tous
» leurs ouvrages, & qu'après une extrême opu-
» lence, nous ne nous trouverons pas réduits à une
» disette absolue » ? Qui vous en assurera? cette supériorité de talent dont vous paraissez si persuadés; l'habitude qu'on a de traiter avec vous, encouragée par la certitude d'être joué plutôt dans le nouvel arrangement ; une certaine prévention en votre faveur qu'auront toujours pour vous les gens de lettres d'un talent distingué. Il y a plus: c'est que presque tous ceux-là vous demeureront attachés, & que vous ne perdrez guère que des talens à naître. Remarquez que si tous les Auteurs se portaient vers le nouveau Théâtre, ils finiraient par y éprouver les mêmes retards, & qu'un motif semblable à celui qui vous les aurait enlevés, les ramènerait tout naturellement à vous. J'avoue que pour soutenir cette concurrence, il faut que vous offriez aux gens de lettres des conditions pécu-

niaires, au moins égales à celles qu'ils attendent du nouveau Théâtre. Voyons un peu quel traitement vous faites à ceux qui vous font vivre du fruit de leurs travaux.

DES HONORAIRES D'AUTEURS.

Les premiers Auteurs jouaient leurs pièces eux-mêmes, & l'on conçoit facilement que cela devait être ainsi, car il ne se serait pas formé de compagnie pour représenter des Comédies avant que la Comédie existât ; & de même aucun Auteur ne se serait avisé de faire un Drame avant de savoir par qui le faire représenter. Mais dans la naissance de l'art dramatique, les Poëtes qui se sentaient le génie de cet art formaient une société qu'ils dirigeaient, & qu'ils entretenaient de leurs productions. Tels furent les *Mystères* au quatorzième siècle, & les pièces de Jodelle au seizième, dans lesquelles ce gentilhomme, sieur du Lymondin, ne dédaignait pas de se montrer. Cet usage durait encore du temps de Molière qui conduisit, comme on sait, dans toutes les provinces, & vint enfin établir à Paris, la troupe qu'il avait rassemblée pour exécuter les ouvrages qu'il composait.

Il en était de même des autres troupes ; mais la fécondité du seul directeur ne put pas toujours suffire à des représentations multipliées. Les Poëtes du temps se firent gloire de se montrer aussi dans cette lice, & cette gloire était à-peu-près le seul fruit qu'ils retiraient de leurs travaux. Dans ce temps où la Comédie était errante, les frais de représentation étaient considérables, & le produit fort médiocre en comparaison. Quand on avait payé le loyer d'un jeu de paume, la construction d'un Théâtre, les décorations, les habits, les lumières, il ne restait pas assez aux Comédiens pour offrir aux Auteurs aucun émolument. D'ailleurs c'était les Souverains à qui la Comédie était particulièrement destinée, qui se chargeaient de récompenser les Poëtes, & ceux-ci peut-être n'auraient pas voulu être payés par les Comédiens. On avait alors dans les cours une prévention assez bizarre, & dont on est bien revenu depuis. On croyait bonnement que le génie créateur qui produit une œuvre dramatique était plus précieux, plus noble, que l'art imitateur qui la représentait; que le talent de la poésie qui suppose des études, des connoissances, de l'élévation dans l'ame, & de l'éducation, méritait plus d'égards que celui de la déclamation qui n'est souvent que la suite des mauvaises mœurs & du libertinage. En conséquence on avait beaucoup de considération pour les Poëtes, & fort peu pour les Comédiens. Cette manière de penser, qui donnait aux premiers de nouveaux droits à la protection des Souverains, devait faire une partie de leur salaire.

Bientôt la Comédie s'établit à demeure fixe. Elle devint un des plaisirs constans de la ville, qui eut plusieurs Théâtres ; les Poëtes se montrèrent en si grand nombre qu'il aurait été impossible aux Rois de les protéger tous. Ils furent donc obligés de traiter directement avec les Comédiens du fruit de leurs veilles. Ceux-ci achetèrent leurs pièces, & comme les bénéfices du Théâtre n'étaient pas encore considérables, il est à présumer que les premiers ouvrages ne valurent pas beaucoup à leurs Auteurs. Cependant par la suite les Comédiens se plaignirent eux-mêmes de cet arrangement. Ils trouvèrent dur d'acheter à forfait des ouvrages dont la réussite n'était pas certaine ; & quoique la modicité du prix d'acquisition les dédommageât plus que suffisamment des chances malheureuses, ils aimèrent mieux que les Auteurs courussent avec eux le risque du succès. Depuis ce temps la part des Auteurs fut en proportion avec la recette.

Rien de plus juste, sans doute, que cet arrangement, s'il avait été librement convenu entre les deux parties contractantes, c'est-à-dire entre les Comédiens & les Auteurs convoqués. Mais dès l'année 1680, que Louis XIV, avec son despotisme ordinaire, avait ordonné par *une lettre de cachet* la jonction la jonction des deux Théâtres en un seul, qu'il avait réuni les Acteurs en société, en fixant lui-même leur nombre, en partageant entre eux les profits suivant ce qu'il leur trouvait de talens, en réglant toute l'économie de cette société nouvelle qu'il gratifia de 12,000 liv. de pension, depuis ce temps l'autorité seule a décidé toutes les opérations des Spectacles. Eh ! comment aurait-on consulté les Auteurs, lorsqu'à peine on consultait les Comédiens eux-mêmes sur leurs propres intérêts ?

En quoi consistent donc aujourd'hui les réglemens des Comédiens à l'égard des honoraires d'Auteurs ? ils peuvent se réduire à la déclaration suivante.

« Nous, seuls Comédiens Français de la ville
» de Paris, possesseurs du privilége exclusif d'y
» représenter des Tragédies & de grandes Comé-
» dies, avons, de notre autorité privée, ou de
» celle de nos supérieurs les gentilshommes de
» la chambre, stipulant pour nous seuls, résolu
» dans notre sagesse, & décidé que tout Auteur
» qui se sentirait le talent de courir la carrière
» dramatique, serait tenu de nous présenter ses
» ouvrages ; lesquels étant examinés par nous &
» jugés d'après nos profondes connaissances, nous
» rejeterons sans appel ceux qui ne nous con-
» viendront pas, & nous adopterons ceux dont
» le succès nous paraitra certain, ou ceux dont

F

» les auteurs auront eu l'art de se faire bien venir
» de nous. Lorsque nous nous serons trompés,
» & que le succès ne répondra pas à notre attente,
» les Auteurs seront punis de notre erreur, &
» leurs pièces ne leur rapporteront rien. Lors-
» qu'elles réussiront au contraire, nous commen-
» cerons par prélever sur la recette les frais de
» nos avances, & nous concéderons ensuite une
» petite portion à l'auteur sur le produit des béné-
» fices. Mais comme il n'est pas juste qu'une
» pièce que nous nous sommes donné la peine
» d'apprendre ne nous rapporte pas toujours le
» bénéfice sur lequel nous avons compté, comme
» il convient que tous les risques soient pour les
» Poëtes qui n'avancent que leur temps & leur
» génie, plutôt que pour nous, qui avançons
» notre mémoire & même notre argent, nous
» décidons que dans le cas où la recette ne sur-
» passerait pas de beaucoup la dépense, deux fois
» de suite ou trois fois en différens temps, la
» pièce cessera d'être la propriété de celui qui l'a
» créée, pour appartenir à nous qui l'avons apprise,
» & à nos successeurs, sans que jamais il puisse
» prétendre en retenir aucun fruit, quelque suc-
» cès qu'elle puisse avoir par la suite, quelque
» bénéfice qu'elle puisse nous procurer ».

N'est-ce pas là très-exactement le traité passé
entre les Comédiens & les gens de lettres, où

plutôt la condition expresse que les premiers, comme jouissant d'un privilége exclusif, ont imposée aux autres qui n'avoient d'autre alternative que de renoncer à l'art dramatique ou d'en passer par-là ? Encore ces conditions sont-elles fort amendées. Autrefois les Auteurs ne partageaient point dans les loges à l'année, & leur portion dans le bénéfice était beaucoup moindre qu'aujourd'hui. Il y a quelques années que, sur les plaintes réitérées des gens de lettres, & d'après les démarches actives de quelques-uns, les Comédiens eurent la générosité de consentir à une réforme. Quelques Auteurs même furent appelés pour débattre les droits de tous. Les Acteurs proposèrent *des sacrifices* tandis qu'on ne leur demandait qu'une justice rigoureuse. Mais alors la loi des propriétés n'était pas encore bien connue : celle des Comédiens fut établie hautement par le gentilhomme de la chambre qui présidait ces assemblées. Celle des Auteurs ne lui parut pas aussi claire ; il crut faire beaucoup en leur accordant le partage des loges à l'année, & une augmentation dans le produit net, mais la durée de cette rétribution fut de nouveau circonscrite. Il fut décidé qu'une pièce n'appartiendrait à son auteur, que pendant la première donnée & la reprise, en supposant encore qu'elle ne serait pas tombée dans les règles avant ce temps. Cela paraissait de toute justice à ceux qui firent ce régle-

ment. « Il faut bien enfin, difaient-ils, que les
» pièces deviennent la propriété des Comédiens
» qui les jouent ».

Qu'en arrive-t-il ? Que fi, par une foule de
circonftances qu'il eft très-facile de faire naître,
un ouvrage, même fort bon, n'a pas aux premières
repéfentations un fuccès éclatant, il devient en
peu de jours la proie du Théâtre où il fe joue.
Si cet ouvrage a vraiment du mérite, les Comédiens trouvent bien le moyen, en combinant les
circonftances d'une manière plus favorable, de le
faire revivre, & ils s'enrichiffent ainfi des dépouilles
qu'ils ont enlevées de force & d'adreffe aux Auteurs.

En veut-on des exemples? Parmi la foule je
n'en citerai que trois affez connus. *La veuve du
Malabar*, de M. Lemierre, qui avait peu réuffi
d'abord; on fait quel fuccès elle a eu enfuite,
mais les Comédiens ont prétendu que M. Lemierre
n'y avait plus de droits. Il a été obligé, pour les
recouvrer, de prouver que cette Tragédie était
refaite d'un bout à l'autre, & devait être regardée comme nouvelle; encore n'a-t-il obtenu, je
crois, qu'une fimple gratification. Le *Jaloux fans
amour* de M. Imbert, l'*Inconftant* de M. Colin
d'Harleville ont été dans le même cas. Les égards
que les Comédiens devaient à des perfonnes de
ce mérite, & fur-tout les avantages qu'ils atten-

daient de leur talent, les déterminèrent à récompenser par une gratification ce succès de reprise (1). Mais enfin ils prétendaient que cette gratification n'était pas due, tandis qu'on devrait s'indigner de ce seul mot de gratification. Ils se croyaient généreux, & ils n'étaient pas même justes; car on aura beau multiplier les faux rai-

---

(1) La conduite de M. Imbert & des Comédiens, dans cette circonstance, leur fait également honneur. L'anecdote mérite d'être connue. D'après le succès que *le Jaloux sans amour* eut à la reprise, M. Imbert qui prévit les dispositions des Comédiens, confia à l'un d'eux qu'il n'accepterait aucune gratification; & le pria de s'opposer à ce qu'il lui fût rien proposé de semblable, pour n'avoir pas le chagrin de refuser. Les Comédiens en effet, à leur première assemblée, voulurent voter une marque de reconnaissance en faveur de M. Imbert. M. Dazincourt son confident, en faisant connaître ses intentions, embarrassa beaucoup la Comédie; il fut convenu de lui députer ce même M. Dazincourt, pour savoir de lui de quelle manière on pourrait s'acquitter de ce qu'on croyait lui devoir. L'homme de lettres, touché de ce procédé honnête, mais voulant néanmoins fixer les bases de la justice, demanda que tous ses droits de propriété sur sa Pièce lui fussent rendus, se réservant d'en faire plus ou moins d'usage. Les Comédiens parurent d'abord surpris, mais, bientôt entraînés par un sentiment intérieur d'équité, ils écrivirent au Poëte qu'il était rentré dans tous ses droits, & qu'il pouvait se présenter chez le Caissier pour toucher ses honoraires. M. Imbert satisfait d'avoir établi le principe, & ne voulant pas montrer moins de délicatesse que la Comédie,

sonnemens, on ne prouvera jamais que toutes les fois qu'une pièce produit un bénéfice à l'Acteur qui la récite, elle n'en doive pas produire à l'Auteur qui l'a faite.

Les Comédiens accordent (pour parler leur langage) à l'auteur d'une pièce en cinq actes, le septième de la recette, les frais prélevés. J'avoue que cette portion serait trop forte, s'ils la payaient toujours. Il serait convenable de la réduire dans une proportion plus juste, mais l'auteur devrait jouir au moins toute sa vie de cette rétribution. Je dis au moins, car le fruit du génie doit être inaliénable ; mais si l'on décide que l'ouvrage d'un homme de lettres n'est pas la propriété de ses héritiers, il peut encore moins être celle des Comédiens. Cela tient à une grande question que nous examinerons tout à l'heure.

Je me résume, & je dis que si les auteurs du Théâtre Français veulent soutenir la concurrence

---

répondit en lui faisant remise de ces mêmes droits, & ne prit de ses honoraires qu'une somme à peu près égale au cadeau qu'on avait voulu lui destiner.

Ce procédé fait sans doute l'éloge des Comédiens, mais seulement des individus, & ce n'est pas des individus qu'on croit avoir à se plaindre. On pourrait citer mille occasions où ils ont montré de la générosité ; mais on se plaint de leurs lois, de leurs réglemens, qui obligent de devoir à leur générosité ce qu'il ne faut attendre que de la justice.

avec un second Théâtre, il faut qu'ils fassent de meilleures conditions aux Auteurs, qu'ils renoncent à plusieurs petits actes de despotisme par lesquels ils cherchaient à établir leur prétendue supériorité; comme de déterminer jusqu'à quelle représentation les auteurs ont le droit de donner des billets pour leurs pièces; comme de leur interdire l'entrée de certaines places de la salle, &c. &c. &c. Il faudrait que les Comédiens ne perdissent pas de vue que les auteurs par leurs ouvrages font partie intégrante de leur société; qu'ils doivent par conséquent être tous égaux en droits. Mais jamais on ne leur persuadera cette idée jusqu'à ce qu'ils s'y voient forcés par le fait, c'est-à-dire, par l'établissement d'un second Théâtre.

« Eh mais, vous en avez, non pas seulement un
» second, s'écrient les Acteurs Français, mais un
» troisième, mais un quatrième. N'est-ce pas pour
» vous satisfaire que l'on a renvoyé les Comédiens
» d'Italie, pour les remplacer au Théâtre Italien par
» des Acteurs Français? Ces Comédiens n'ont-ils pas
» le droit de jouer comme nous de grandes Comé-
» dies & même des Drames? N'avez-vous pas en-
» suite le Théâtre de Monsieur, où malgré tous
» nos efforts on est parvenu à jouer des Comédies,
» & même en trois actes, quoique nous fussions
» venus à bout de les y faire interdire? N'avez-
» vous pas les Variétés qui s'élèvent depuis quelque

» temps avec une rapidité inquiétante, qui ont
» quelques bons Acteurs, quelques bons ouvrages,
» & qui n'ont pas l'air de vouloir s'en tenir-là ?
» Nous pourrions compter à la rigueur les Beau-
» jolois, l'Ambigu-Comique, les grands Dan-
» feurs, les Affociés, les Délaffemens Comiques,
» les Bluettes. On y joue des Comédies, & dans
» le nombre il s'en trouve de meilleures que les
» nôtres. Nous nous étions autrefois arrogé la
» cenfure de ces Théâtres dans la vue de n'y rien
» laiffer paffer qui eût le fens commun ; mais
» comme il nous eft arrivé quelquefois de per-
» mettre comme mauvaifes des pièces que le public
» a jugées bonnes, & d'en retenir d'autres pour
» nous qui n'ont pas été achevées, nous avons
» renoncé à cette cenfure qui compromettait notre
» jugement. Aujourd'hui fur-tout, ces Théâtres
» font libres : excepté des Tragédies, dont il ne
» fe fait pas un affez grand nombre pour excéder
» nos forces, vous pouvez y faire jouer toute
» efpèce de pièces. Que demandez-vous donc en-
» core ? Tant de reffources ne fuffifent-elles pas
» pour fatisfaire l'impatience des uns & venger
» les autres de nos refus » ?

Non, fans doute : les gens de lettres ne fe con-
tenteront pas de cette réponfe illufoire que vous
avez déja faite plus d'une fois. Vous citez le Théâtre
Italien ; vous faviez à merveille, lorfque vous con-

sentites à ce qu'on y rétablît la Comédie, qu'elle n'y serait jamais qu'accessoire ; que l'Opéra Comique étant le fonds principal de ce Théâtre, on n'y donnerait pas à un autre genre les soins & la consistance dont il aurait eu besoin ; que par conséquent la Troupe ne serait jamais complettement bien montée ; qu'elle ne pourrait balancer la faveur publique avec la vôtre, & que par suite de conséquences on n'y verrait pas les ouvrages d'Auteurs déja en réputation ; que si par fois il y paraissait de jolies pièces, ce ne serait que les essais de jeunes Poëtes que vous rappelleriez bientôt à votre théâtre, en leur offrant plus de gloire & de profit. Les Comédiens Italiens ont paru même s'entendre avec vous sur cet article, en diminuant la rétribution des Auteurs de Comédie, lorsqu'elles sont données les beaux jours. Cette conduite de leur part prouve le peu d'intérêt qu'ils prenaient à la Comédie, & vous avez bien prévu qu'ils en penseraient ainsi. Ne présentez donc pas ce Théâtre comme une ressource.

Le Théâtre de Monsieur l'est encore moins. Si aux Italiens la Comédie est au second ordre, elle est au troisième sur le Théâtre de Monsieur. Sacrifiée à l'Opéra Comique, Italien & Français, la Troupe de Comédie, dénuée de bons ouvrages comme tout établissement qui commence, pouvait-elle espérer des succès & se mettre en état de rivaliser avec la vôtre ? Lorsque vous la persécutiez, c'est dans l'idée que l'Opéra Italien ne ferait pas fortune ; vous avez craint que les entrepreneurs de ce Théâtre ne se fissent une ressource de la Comédie & ne la perfectionnassent assez pour tenir lieu de ce second Théâtre désiré depuis si long-temps. Quand vous nous l'offrez aujourd'hui, c'est que vous êtes bien rassurés sur cette crainte.

Je conçois que les Variétés vous inquiettent davantage. Leurs succès constans, leurs progrès sensibles en pièces & en Acteurs, leurs projets présens, leurs prétentions à venir, sur-tout leur position, & leur établissement prochain dans la belle salle qui leur est destinée, tout cela est fait pour vous alarmer terriblement. Cependant, comme il faut souffrir ce qu'on ne saurait empêcher, vous ne témoignez pas votre vœu pour leur destruction totale ; vous permettez que ce Théâtre demeure ce qu'il est, pourvu qu'il n'aille pas plus loin. Vous vous consolez par cette idée naturelle & vraisemblable, que le berceau des Jeannot & des Pointus, tant qu'on y verra les Acteurs qui ont donné naissance à ces farces, ne s'élevera jamais à rien de vraiment noble & grand ; vous pensez avec une partie du public, que la beauté de la salle nouvelle sera plus funeste qu'avantageuse à ces Acteurs & à leurs pièces, pourvu qu'on ne leur permette pas de s'élever davantage ; car c'est sur-tout de leur part que vous craignez la rivalité.

Quant aux autres Théâtres compris sous la dénomination de petits Spectacles, vous savez très-bien que leur nuisible abondance ne supplée à rien de ce que nous demandons. Nous voulons un Théâtre entièrement différent de tous ceux qui existent ; un Théâtre absolument égal, mais non pas semblable au vôtre ; sous le régime d'une entreprise particulière, & non pas d'une société ; un Théâtre auquel puissent s'adresser, sans perdre aucun avantage, ceux qui auront à se plaindre de vous ; un Théâtre enfin, composé comme le vôtre, qui ait le même répertoire, qui joue les mêmes pièces. . . . . . A ce mot, je vois tout le conclave de la Comédie Française se lever à la fois. « Quel attentat ! -- le même répertoire ! -- on » jouerait nos pièces ! -- on violerait les droits les » plus respectables !... -- que deviendraient donc nos » propriétés » ?

DE LA PROPRIÉTÉ
DES COMÉDIENS
RÉUNIS EN SOCIÉTÉ.

LE corps des Comédiens peut être considéré politiquement comme le corps ecclésiastique, ainsi cette question a été résolue par l'Assemblée Nationale quand elle a prononcé sur les propriétés du clergé. Ces deux corps composés d'individus qui se succèdent électivement, & non par droit d'héritage, ne peuvent *user & abuser* de leurs biens, ils ne peuvent ni les vendre, ni les aliéner, ni en disposer à leur gré. Ils ne sont donc que des usufruitiers & non de véritables propriétaires.

Les ecclésiastiques ont même un avantage sur les Comédiens, c'est qu'ils possèdent ordinairement pour toute leur vie; il est par conséquent de leur intérêt d'améliorer l'objet dont ils jouissent. Les Comédiens ne possèdent que pour un temps déterminé. Leur intérêt les porte à jouir au jour le jour, sans ménager un fonds auquel ils ne prétendent plus après leur retraite.

Les Comédiens doivent encore être distingués en ce qu'ils ont deux sortes d'existence. Leur existence comme individus, qui est durable & qui leur permet d'avoir des propriétés réelles, & leur existence comme corps qui ne doit durer qu'un temps. S'ils avaient des propriétés comme corps & s'ils pouvaient en disposer, il serait bien difficile qu'ils ne cherchassent pas à les faire changer de nature, pour les posséder ensuite plus véritablement à titre d'individus. J'en citerai un exemple, & cet exemple est un abus récent.

Quand le Roi a fait bâtir la salle actuelle, il l'a donnée aux Comédiens; ce qui signifie seulement qu'il a permis qu'on y jouât la Comédie sans en prétendre de loyer. Mais il leur a en même temps donné l'ancienne salle de la rue Saint-Germain-des-Prés, avec la faculté de la vendre. Or il est évident que ce don n'est point fait réellement à la Comédie, mais à MM. tels & tels, composant alors la Troupe, & le produit de cette vente passé dans la poche des individus, est entièrement perdu pour la société à venir.

Les Comédiens sont donc encore moins que le clergé, véritables propriétaires de leurs immeubles. Ils le sont davantage de leur mobilier dont la dépense est prise sur leurs bénéfices, & qu'ils partageraient entre eux s'ils se retiraient tous à la fois. Mais comme leurs retraites sont successives, comme ce mobilier est nécessaire à la chose & fait partie de la chose, eux-mêmes en ont abdiqué la propriété. A qui cette propriété appartient-elle ? A la Nation ; fans contredit, fur-tout les immeubles qu'elle a payés de fes deniers. Au moins le clergé faifait-il valoir pour fa dépenfe les donations que des particuliers lui ont faites ; mais tout ce que la fociété des Comédiens pofsède lui a été donné par les Rois ; & comme je le répète, comme il eft aujourd'hui hors de doute, le tréfor des Rois n'eft autre que celui de la Nation. Si la fucceffion conftante des Comédiens dans leur fociété venait à être tout à coup interrompue, fi l'on détruifait la Comédie, les Acteurs en fe féparant auraient-ils le droit de s'approprier, de fe partager entre eux la valeur des immeubles qu'ils pofsèdent ? non fans doute ; ce n'eft donc pas à eux qu'elle appartient.

Si les Comédiens ne font pas véritables propriétaires de leurs immeubles, s'ils ne le font pas dans le fait de leur mobilier, peuvent-ils l'être de leur répertoire ? Ils le prétendent, & difent pour leurs raifons : 1°. qu'ils ont contracté avec les Auteurs un marché libre de part & d'autre ; 2°. que les conditions en étaient connues d'avance, que ceux à qui elles n'auraient pas convenu étaient les maîtres de ne pas donner leurs pièces, & que ceux qui s'y font foumis volontairement en ont donc reconnu la validité ; 3°. Que ces conditions, depuis l'exiftence de la fociété, ont été de deux fortes; autrefois une vente à forfait, & plus nouvellement une rétribution proportionnée à la recette pendant un certain nombre de représentations: qu'on ne peut nier que les pièces qu'ils ont achetées & payées ne leur appartiennent, & qu'on ne serait pas plus en droit de leur contester les autres, puisqu'elles ont atteint le terme auquel elles devaient appartenir à la société par une convention mutuellement acceptée.

Je dis d'abord qu'il n'est pas vrai que le marché contracté avec les auteurs ait été libre de part & d'autre. N'oublions pas que les Comédiens avaient un privilége exclusif, & que par conséquent ils faisaient la loi. L'auteur d'une pièce avait bien la liberté de ne la pas donner à ce Théâtre; mais il n'avait pas celle de la donner ailleurs. Que voulait-on qu'il en fît? la livrer à l'impression était une faible ressource. On achète peu, & par conséquent on ne lit guère un ouvrage dramatique qui n'a point été représenté, à moins que la réputation de l'auteur ne soit déja faite. On le préjuge mauvais puisqu'il n'a pu obtenir les honneurs de la scène. Ceux même qui le lisent en jugent mal lorsqu'il est privé de l'appareil de la représentation. Ainsi l'auteur qui fait imprimer sa pièce (& il n'en a pas toujours les moyens) ne fait rien pour sa gloire & encore moins pour sa fortune. Il faut donc qu'il renonce à l'art dramatique, ou qu'il en passe par les conditions des Comédiens. Appellera-t-on cela un marché libre ? Le Poëte, à l'inſtant où il eſt animé du feu de la création, ne ſonge qu'à la gloire : ſon intérêt eſt tout-à-fait oublié. Mais s'il le néglige, faut-il que les Comédiens en abuſent ? Ils ſavent trop bien que celui qui ſe ſent le talent dramatique ne peut être arrêté dans ſon eſſor par aucune conſidération pécuniaire : il faut, à quelque prix que ce ſoit, qu'il ſatisfaſſe ce beſoin impérieux. Et celui qui pour vivre n'a pas d'autre reſſource, aimera-t-il mieux mourir de faim que d'accepter un marché déſavantageux ? mais s'il y conſent, dira-t-on que ce marché était libre ?

A la réforme faite il y a environ quinze ans, les gens de lettres qui l'avaient ſollicitée furent appelés, à la vérité, mais de quelle manière illuſoire ! Un gentilhomme de la chambre, entièrement dévoué à la Comédie, était le préſident de l'aſſemblée & le juge des débats. Ces gens de lettres demandèrent envain la propriété perpétuelle de leurs ouvrages ; jamais on ne voulut la reconnaître. On leur fit entendre que s'ils tenaient à cette condition, la Comédie avait un répertoire très-riche en ouvrages anciens (comme ſi les anciens lui appartenaient plus que les autres) & qu'elle ſe paſſerait de nouveautés, s'il le fallait, pendant deux ou trois ans. On ſavait bien que les Poëtes aiment à jouir : on les éblouit par le

partage

partage des loges à l'année, & ils cédèrent leur propriété comme Esaü pour ce plat de lentilles, faute de pouvoir obtenir mieux.

Mais leur droit à cette propriété est inaliénable & imprescriptible. A cette époque de la liberté naissante & de la destruction des priviléges exclusifs, ne peuvent-ils pas revenir sur des conditions qui n'ont été consenties que lorsqu'il n'y avait pas moyen de faire autrement ? Si l'on décide que les productions de l'esprit sont le bien réel d'un homme, comme tout autre fruit de son industrie, & qu'il peut le transmettre à ses descendans, il s'agira de savoir ensuite si les Comédiens ont légitimement acquis les pièces qu'ils possèdent, c'est-à-dire, s'ils en ont payé la véritable valeur.

Quelle est la véritable valeur d'une pièce dramatique ? c'est ce qu'il n'est pas facile de déterminer. Deux espèces d'attraits amènent les spectateurs à un Théâtre. Le mérite intrinsèque de l'ouvrage & le talent de ceux qui doivent le représenter. Ainsi les Auteurs d'un côté & les Acteurs de l'autre paraissent avoir un droit égal à la recette, en en prélevant toutefois les frais pécuniaires avancés chaque jour par les Comédiens. Mais comme la recette n'est quelquefois pas égale à ces frais, & qu'il serait difficile de faire entrer les auteurs dans la perte, on a jugé qu'il convenaît de diminuer leur portion. Elle a été réduite à un septième : à la bonne heure. Mais que payent les Comédiens avec ce septième ? rien que le droit de représenter cette pièce journellement. Ainsi chaque fois qu'ils la joueront & que la recette surpassera les frais, ils doivent à l'Auteur une semblable redevance. Ce n'est donc pas acquérir une propriété.

Ils objectent que si cette pièce appartenait toujours à l'Auteur, une fois qu'elle serait usée, son produit n'égalerait plus les frais, & qu'ils perdraient dans une suite de représentations ce qu'ils auraient pu gagner dans les premières. C'est à cette époque qu'ils croient devoir s'approprier l'ouvrage, & lorsqu'il est constaté par deux recettes consécutives au-dessous des frais, ou par trois séparées, qu'il n'attire plus suffisamment les spectateurs. Ils n'enlèvent donc rien à l'Auteur, puisqu'il ne perd sa propriété que lorsqu'elle a cessé d'être productive.

On pourrait répondre qu'ils n'acquièrent donc rien non plus, par la même raison ; pourquoi donc sont-ils si jaloux de cette propriété ? c'est que leur objection n'est que captieuse ; c'est que deux ou trois recettes au-dessous des frais ne prouvent point du tout que le public est dégoûté d'une pièce, mais seulement qu'il faut cesser de la donner de suite ; & alors ménagée avec prudence, elle peut faire encore grand plaisir & rapporter beaucoup d'argent. Or si elle en produit aux Comédiens, pourquoi n'en produirait-elle plus à l'Auteur ? Si la pièce était véritablement tombée dans l'estime publique, ils s'en apercevraient & se garderaient de la donner, comme il arrive aux Italiens, où les Auteurs touchent toute leur vie les émolumens de leurs pièces. C'est donc à tort que les Français s'emparent d'un ouvrage sur ce vain prétexte, puisqu'ils font loin d'en avoir payé la véritable valeur.

Assurément les Pièces de Racine, de Corneille, de Molière, sont tombées plus de trois fois dans les règles depuis qu'elles existent. Cependant toutes les fois qu'elles seront remises avec soin & à des distances convenables, elles produiront encore au-delà de leurs frais. Les Acteurs diront peut-être que ce n'est plus ces Pièces que l'on vient voir, mais seulement la manière dont ils les jouent ; que par conséquent la totalité de la recette n'est due qu'à leur talent. Eh bien, qu'ils essaient de jouer la Phèdre de Pradon au lieu de celle de Racine ; comme leur talent pourra être le même dans l'un ou l'autre ouvrage, on verra (la première représentation exceptée, qui pourrait être un objet de curiosité) on verra si le mérite de l'ouvrage n'influe en rien sur l'empressement du public.

Une dernière considération qui prouve que les

Comédiens ne peuvent pas plus avoir en propre leur répertoire que leurs immeubles, c'est la manière dont ils se succèdent. La société n'a point un fonds perpétuellement croissant ; le partage se fait chaque année : il ne reste jamais rien en caisse, ainsi cette société ne présente point un fonds véritablement existant. Les Acteurs qui arrivent ne s'étant point ressentis des pertes, ne doivent point entrer dans les acquisitions. Je m'explique.

Les Comédiens disent que c'est pour se dédommager des pertes que peut leur avoir causées un ouvrage tombé dans les règles, qu'ils en exigent la propriété, afin que des représentations ménagées leur rendent ce qu'ils ont perdu. Mais cette perte, ce sont les individus qui l'ont supportée & non la masse. Pourquoi leurs successeurs qui n'ont rien perdu auraient ils part dans ce dédommagement ? Quel droit peut avoir un Acteur qui arrive dans la société sur toutes les Pièces qu'elle possède ? Il n'a pas contribué aux frais de la première mise ; il n'est entré pour rien dans les bénéfices ni dans les pertes qu'elle a pu produire ; il n'y a donc pas lieu pour lui à aucune compensation. Comment ces Pièces lui appartiendraient-elles ? peut-être même n'y a-t-il seulement pas de rôle.

Enfin si le cas que j'ai supposé en parlant des immeubles arrivait : si par une raison quelconque la société des Comédiens était détruite toute à la fois : s'il fe formait enfuite une autre troupe, aurait-elle le droit de venir s'emparer des Pièces exiftantes, uniquement parce qu'elles auraient déja été jouées ? Or, parce que les Comédiens entrent dans la fociété l'un après l'autre, peuvent-ils être plus véritablement propriétaires que s'ils fe préfentaient tous à la fois ?

Refte un genre de traité que les Comédiens regardent au moins comme inattaquable ; ce font les Pièces achetées à forfait. Pour celui-là, que peut-on dire ? C'eft un artifte qui vend la propriété de fon tableau à un amateur ; le prix eft débattu entre eux, & le marché n'eft conclu que lorfque ce prix convient à l'un & à l'autre. Les Comédiens ne peuvent-ils pas de cette manière acquérir une propriété ? — Pas davantage, & l'on en fera perfuadé fi l'on a bien compris ce que je viens de dire.

Quand les Comédiens achettent un ouvrage, ce n'eft pas la fociété en maffe qui le paye, puifqu'elle n'a point de fonds, ce font les individus, puifqu'au bout de l'année, ils auront de moins à partager ce qu'ils auront donné à l'Auteur. Or chaque individu ne devant faire partie du corps qu'un petit nombre d'années, ne paye la Pièce qu'en raifon du produit qu'il en efpère individuellement pendant cet intervalle. Il ne doit pas compter ce qu'elle pourra valoir à fes fucceffeurs.

G 3

Ceux-ci n'en ont donc pas la propriété, puisqu'ils ne l'ont pas payée.

Je suppose que la société soit composée de vingt parts entières, & que la Pièce soit achetée 2,000 liv.; chaque part aura donc contribué pour 100 liv. à cette acquisition. Il faudrait, pour qu'elle fût légitime, que chaque nouvel Acteur qui arrive dans la société donnât aussi à cet Auteur ou à ses héritiers une pareille somme de 100 liv., sans quoi il se trouverait propriétaire d'une chose dont il n'aurait payé aucune valeur. « Mais, disent-ils, en » évaluant cette Pièce à ce prix, l'Auteur & nous » savions bien que sa durée productive ne devait » pas être longue : qu'avant le temps de notre » retraite elle cesserait de rapporter du bénéfice; » ainsi nous n'avons calculé que pour nous, & » il ne serait pas juste que nos successeurs payassent » une chose dont nous avons épuisé le produit à » l'instant où nous la leur livrons ». — S'il était vrai, pourquoi cette propriété vous intéresserait-elle ? Donnez-vous donc chaque jour des nouveautés ? Votre répertoire habituel n'est-il pas composé de Pièces anciennes, c'est-à-dire, de celles qui, selon vous, ne doivent plus rien rapporter ?

D'ailleurs on aurait tort de comparer la vente d'une Pièce de Théâtre au tableau qu'un amateur achette. Cet amateur n'a point de privilége exclusif; si l'artiste n'est pas content du prix qu'il lui en offre, il le vend à un autre; il n'en est pas de même auprès des Comédiens. Ajoutez qu'avec ceux-ci, quel peut être le calcul de l'Auteur d'après les réglemens? Il ne saurait compter sur la propriété perpétuelle de son ouvrage, ni le vendre en conséquence. Il supposera quinze représentations pour la première donnée, dix à la reprise, cela fait vingt-cinq, qui à 100 francs l'une portant l'autre lui vaudraient 2500 liv., mais il faudrait attendre long-temps après cette somme; il songe aux démarches humiliantes & pénibles qu'il faut faire pour obtenir cette reprise au bout de trois ou quatre ans; avant les 25 représentations supposées, la Pièce peut tomber dans les règles. Il en demande donc & en obtient 2000 liv., mais s'il avait compté sur la propriété perpétuelle de son ouvrage, il n'aurait pas raisonné ainsi. Cette transaction est donc léonine, puisqu'elle n'est fondée que sur des réglemens établis par force, & sur l'existence d'un privilége exclusif.

Admettons maintenant que les Comédiens soient assez justes pour se rendre à ces raisonnemens; que pour éviter un second Théâtre, ou, s'il n'y a pas moyen, pour en soutenir la concurrence, ils acceptent des réglemens nouveaux qui laissent aux Auteurs la perpétuelle propriété de leurs ouvrages; au moins, dira-t-on, cette loi ne saurait avoir d'effet rétroactif. Il faut bien qu'on leur abandonne leur ancien répertoire. — Pourquoi donc ? Il faut laisser un bien à ceux qui l'ont acquis. Y a-t-il un Comédien aujourd'hui qui ait donné à Corneille, à Racine, à Molière, la moindre valeur de leur Pièces ? Quel est leur titre de propriété ? la possession ? Mai une possession ne vaut titre que quand elle a pu être contestée pendant un certain nombre d'années, & qu'elle ne l'a point été. Ici le privilége exclusif & l'autorité empêchaient toutes réclamations, donc la prescription n'est pas admissible.

Ou les Comédiens n'ont rien donné pour les Pièces qu'ils possèdent, ou ils n'ont payé que le droit de chaque représentation. S'ils peuvent citer une Pièce dont ils aient fourni la véritable valeur, celle-là seule leur appartient ; les autres doivent revenir aux Auteurs qui ont le droit de les faire jouer sur un second Théâtre en concurrence.

Mais il s'élève ici une autre question. Si la propriété des ouvrages dramatiques ne peut appartenir aux Comédiens, faute d'en avoir donné la valeur réelle, comment pourrait-elle passer à des héritiers ? ceux-ci n'ont aucun droit à une production du génie, à laquelle ils n'ont pu contribuer. Un père laisse à son fils une terre, mais pour que cette terre continue de produire, il faut que ce fils la cultive. Il en est de même d'un fonds de commerce, d'une rente même, qui représente un fonds donné précédemment, & qui a toujours la même activité.

Je laisse à des jurisconsultes la solution d'une difficulté trop au-dessus de mes forces. Mais quand on déciderait que l'Auteur seul a des droits pendant sa vie sur son ouvrage, il n'en résulterait pas qu'après sa mort la propriété en doive être dévolue aux Comédiens. A qui donc appartiendrait-elle? à la Nation, & voici ce qu'on pourrait faire.

1°. Toutes les pièces dont les Auteurs sont actuellement existans, leur reviendraient & ils pourraient les faire jouer sur quelque Théâtre, & sur autant de Théâtres que bon leur semblerait.

2°. Celles dont les Auteurs sont morts, & qui n'ont pas eu cinquante représentations, appartiendraient à la famille du défunt qui aurait droit au partage de la recette, jusqu'à cette cinquantième représentation : c'est aux Acteurs du Théâtre Italien que l'on doit cette idée équitable. Ils ont pensé les premiers, que toute Pièce avait une valeur intrinsèque dont les héritiers de l'auteur ne devaient pas être privés par sa mort. Ils ont fixé cette valeur au produit de cinquante représentations, & ne se la sont appropriée ensuite, que parce qu'il fallait bien qu'elle appartînt à quelqu'un, & que lorsqu'ils ont fait le réglement, la Nation n'avait pas alors d'existence active.

3o. Les Pièces dont les auteurs feraient morts & qui auraient eu cinquante repréfentations appartiendraient à la Nation, c'eft-à-dire que leur produit ferait verfé dans une caiffe, fous l'infpection de la Municipalité, & fervirait à former des penfions & des encouragemens pour les auteurs dramatiques, & les Comédiens retirés qui feraient dans l'indigence.

4o. Par la même raifon que toute Pièce a une valeur intrinsèque qui doit revenir à l'Auteur ou à fa famille, elle en a une auffi pour les Comédiens qui ont eu la peine de l'apprendre, & qui ont fait des frais pour fa repréfentation. Il faudrait donc qu'ils euffent le droit exclufif de la jouer un certain nombre de fois, pour fe dédommager de leurs avances. Comme la portion qui leur revient dans les bénéfices eft de $\frac{6}{7}$ plus grande que celle des Auteurs, le nombre de repréfentations ne doit pas être le même. Je crois qu'il fuffit de le porter à vingt-cinq ; & pour éviter tout abus, ces vingt-cinq repréfentations doivent être données dans le cours d'une année, paffé lequel temps, les Comédiens feraient cenfés avoir abandonné l'ouvrage; l'Auteur en reprendrait poffeffion & ferait le maître de le faire repréfenter où il voudrait.

C'eft en cela fur-tout qu'un fecond Théâtre ferait utile. Il le ferait aux Auteurs par beaucoup de raisons que j'ai alléguées, & par plusieurs autres que les gens de lettres sentent depuis long-temps; il le serait au public, en ce qu'il diversifierait ses jouissances. J'ai prétendu de plus qu'il le serait aux Acteurs du Théâtre Français eux-mêmes, & c'est ce qu'il me reste à leur prouver.

DE L'UTILITÉ
D'UN SECOND THÉATRE.

QUAND il n'y avait à Paris que trois Théâtres, celui de l'Opéra qui n'était guère suivi, celui des Italiens, qui par sa consistance légère a sans cesse éprouvé les vicissitudes de la fortune, & s'est vu toujours tantôt au plus haut de la roue & tantôt au plus bas, & enfin celui des Acteurs Français; quand, par les abus du régime exclusif & de l'autorité dont ils jouissaient, ils persécutaient l'établissement naissant des petits Spectacles aux Boulevards & aux foires, les parts des Acteurs Français se montaient tout au plus à huit ou dix mille livres par an. Aujourd'hui que les grands & petits Théâtres ont renversé une partie des obstacles qu'on leur opposait, & que Paris en contient un grand nombre, les parts des Français ont monté jusqu'à 30,000 liv. Je crois bien qu'elles n'approcheront pas de cette fomme cette année-ci; mais cela tient à d'autres caufes connues. Toujours eft-il vrai que la multiplicité des Spectacles, loin d'être nuifible à chacun d'eux, ne fait qu'en propager le goût & multiplier les Spectateurs. En ce fens, un fecond Théâtre ne faurait nuire à celui qui s'intitule le Théâtre de la Nation.

La ville de Londres qui ne paffe pas pour offrir des plaifirs auffi variés que celle de Paris, a cependant un affez grand nombre de Théâtres qui font tous floriffans. Le premier, National, à Drury-Lane, où l'on joue des Tragédies, des Comédies, & quelques Opéras Comiques Anglais. Le fecond, auffi National, & placé tout auprès du premier, dans Covent-Garden, où l'on joue le même genre & fouvent les mêmes Pièces. On exécute auffi fur l'un & l'autre de grandes Pantomimes dans le goût de celles de Nicolet. Notez que cette faculté de jouer les mêmes Pièces, que cette rivalité eft fur-tout ce qui foutient ces deux Théâtres. Il y avait en outre dans Hay-Market, qui n'eft pas fort loin des deux premiers, un Théâtre d'Opéra Italien férieux & bouffon. (il a été brûlé l'année dernière, & on fonge à le rebâtir) De plus, le Théâtre de la Royauté, fous la direction de M. Palmer, où l'on joue de petites Comédies, des Opéras Comiques & des Pantomimes. Ajoutez à cela de petits Spectacles comme celui de Foot dans Hay-Market, comme Sadders'well, &c. Trois ou quatre grands Concerts & le Panthéon dans l'hiver, Waux-Hall, Mary-Bone, &c. Dans l'été ; tout cela vit & profpère, & cependant le goût des Spectacles n'eft pas fi vif ni fi général à Londres qu'à Paris.

J'ai dit que la rivalité était ce qui fervait le plus à foutenir les deux premiers Théâtre. En effet, lorfqu'une pièce eft nouvelle, le premier but des fpectateurs, leur premier défir eft de la connaître & de la juger. Mais lorfqu'elle eft bien connue, bien appréciée, ce qui attire au Spectacle eft particulièrement le talent des Acteurs. Les Anglais favent par cœur les Pièces de Shakefpeare ; mais ceux qui ont vu hier *Mackbeth* à Drury-Lane font empreffés de le voir aujourd'hui à Covent-Garden. On veut comparer les deux Acteurs qui jouent le roi *Lear* à ces deux Théâtres ; une Actrice qui a une rivale, en a plus de partifans, plus d'amis. Si la jeune & jolie *Ariel* de Covent-Garden (1) attire la foule pour l'applaudir, cette même foule ira critiquer celle de Drury-Lane, & une autre foule s'y trouvera pour la foutenir. Cependant les Direc-

---

(1) *Ariel* eft un perfonnage de *la Tempête*, Pièce de Shakefpeare fort aimée des Anglais ; ce rôle, qui eft celui d'un Génie bienfaifant, eft toujours joué par une femme. Dans les bals, dans les mafcarades ; les femmes les plus jolies adoptent fouvent ce perfonnage pour déguifement.

teurs font leur profit de ces diffentions, de ces cabales.

La même chose arriverait à Paris. On ne va plus voir les pièces de Molière que l'on a si souvent vues ; donnez le Misanthrope & vous n'aurez personne. Qu'une autre troupe vienne le donner à Paris, tout sera plein : redonnez-le vous-même deux jours après, & à votre tour vous aurez la foule ; on sera bien aise de juger, de comparer. Lorsqu'on donnait à l'Opéra *Iphigénie en Aulide*, quelque prodigieuse différence qu'il y ait entre la Tragédie chantée & la Tragédie déclamée, cette même Iphigénie donnée dans le même temps aux Français, avait un plus grand nombre de spectateurs. Cependant les amateurs de l'un & l'autre genre ne sont pas en général les mêmes.

La concurrence est toujours d'une utilité singulière dans le commerce & dans les arts : rien ne leur est funeste, au contraire, comme le régime prohibitif. Les Comédiens ont beau nous vanter leur zèle dans chaque compliment de clôture, il est certain qu'ils s'endormiraient bientôt dans la négligence, s'ils n'étaient aiguillonnés par la crainte des concurrens. Qu'un emploi soit mal rempli à leur Théâtre, ils prendront doucement patience en se disant : on ne verra pas mieux à Paris. Mais qu'il y ait un second Théâtre, c'est alors qu'ils auront un véritable zèle ; ils feront tant d'efforts que bientôt le meilleur Acteur de la France, dans cet emploi, se trouvera parmi eux.

La rivalité servira encore à polir leur caractère, à les tenir attentifs sur les procédés ; ils seront plus humains, plus avenans avec les gens de lettres, & ils doivent compter pour quelque chose ce qu'ils gagneront ainsi au moral. Cette honnêteté ne sera pas perdue, puisqu'elle leur assurera long-temps une préférence dont ils ne sentiraient pas le mérite, s'ils continuaient d'être seuls.

Ils trouveront encore dans l'établissement d'un second Théâtre, & dans le régime proposé, un avantage considérable auquel ils ne paraissent pas avoir songé; c'est que si ce nouveau Théâtre joue leurs Pièces, à leur tour ils joueront les siennes, & qu'ils enrichiront leur répertoire d'ouvrages d'un succès sûr, & dont les risques auront été courus par d'autres que par eux. Ils gagneront donc d'un côté ce qu'ils auront perdu de l'autre, & tout sera compensé pour le mieux.

Il est vrai que le second Théâtre aura sur le leur un grand avantage, c'est qu'il sera en direction tandis qu'ils sont en société. La différence de ces deux régimes est prodigieuse & sera bientôt sensible. D'un autre côté, comment renoncer à leur existence actuelle; comment, de maîtres souverains, de grands propriétaires comme ils prétendent l'être, devenir de simples appointés ? Il y aurait à cela un remède qui concilierait tout, l'intérêt & l'amour propre, & que je vais proposer en parlant du Théâtre Italien.

DU THÉATRE ITALIEN.

CE Spectacle est celui des révolutions depuis son existence ; il a été sans cesse ou à deux doigts de sa perte, ou le plus suivi de tous. Jusqu'à ces derniers temps, c'est par des ressources éphémères qu'il a trouvé moyen de se soutenir. D'abord par des farces Italiennes & sous les masques de Scaramouche & d'Arlequin. Ce genre n'a guère plus duré que les Acteurs qui le faisaient valoir. Regnard & Dufrény le relevèrent en composant pour ce Théâtre des Pièces satyriques, où les principaux masques parlaient Français. Ces Pièces, où toutes les vraisemblances & même les bienséances étaient violées, forçaient le rire par leurs bouffonneries, & amusaient l'esprit par leur malignité.

Les Italiens eurent encore de beaux jours, lorsqu'il leur fut permis de parler tout-à-fait Français, & que Delisle, Boissy, Marivaux leur donnèrent des Pièces. Ils étaient alors les rivaux, &

les rivaux heureux des Acteurs Français. Ils perdirent enfin ces Auteurs & les meilleurs Acteurs de leur troupe qui ne purent être remplacés, & retombèrent encore dans l'abandon. On les vit successivement s'en tirer par des Feux d'artifice, par des Ballets pantomimes ; enfin ils eurent quelques Chanteurs. A cette époque il arriva d'Italie, des Bouffons, qui dans de petits intermèdes firent entendre de la musique vraiment digne de ce nom, & firent apercevoir l'état de langueur où croupissait la nôtre. Ces Bouffons qui chantaient sur le Théâtre de l'Opéra ne purent y rester long-temps : nous en dirons ailleurs les causes. La principale était leur langue, qui n'étant pas entendue par le plus grand nombre, leur ôtait les partisans même les mieux disposés en leur faveur. Beaurans imagina un moyen qui parut contenter tout le monde ; ce fut de traduire leurs pièces en Français, d'en ajuster les paroles sur cette musique, d'en retrancher seulement le récitatif dont la monotonie ennuyait, & d'en faire parler le dialogue. *La Serva Padrona* qu'il traduisit ainsi, n'est pas faite avec beaucoup d'adresse ; elle fourmille de fautes de prosodie, & le chant y est presque par-tout dénaturé. Néanmoins elle passa dans le temps pour un chef-d'œuvre de parodie, & elle a conservé cette réputation aujourd'hui, quoique M. Favart, qui dans ce même temps traduisit d'autres pièces, y montrât un talent bien supérieur à tous égards.

Ces premiers Opéras Bouffons Français furent d'ailleurs exécutés d'une manière extrêmement piquante par Mad. Favart, qui sans avoir une très-belle voix, ni un talent véritable pour le chant, avait beaucoup de gentillesse & de grâce, & qui, par une singerie aimable, imitait très-heureusement ce qu'elle avait entendu. Elle était secondée par M. Rochard, l'un des premiers Français qui ait senti la manière Italienne & les vices de la manière Française, & qui, né avec du goût & de la facilité, rendait aussi bien qu'on pouvait l'espérer, ce style de chant encore neuf & inconnu.

Mais bientôt M. Favart resta le seul Auteur de ce genre d'ouvrage, qui, par les connaissances qu'il exige en musique, ne pouvait pas avoir beaucoup d'imitateurs. Un seul homme ne pouvait pas entretenir un Théâtre de nouveautés. D'ailleurs, dans ce temps l'Opéra Comique prenait de la consistance. Aux simples Vaudevilles qu'on y avait donnés jusqu'alors, succédèrent de petits Opéras où l'on imitait assez heureusement la musique des Italiens; la facilité de multiplier ces sortes de pièces, & une certaine prédilection que les Français conservent toujours pour leurs Compositeurs, obtinrent à l'Opéra Comique une préférence sur le Théâtre

Italien qui aurait fini par anéantir ce dernier si on ne les avait pas réunis.

Qu'il me soit permis de m'arrêter un peu sur cette époque où s'établit un genre aussi nouveau qu'intéressant, dont les Italiens nous avaient donné la première idée, mais que nous avons su perfectionner à beaucoup d'égards. Plusieurs de nos Compositeurs ont approché beaucoup du mérite des maîtres Italiens : ils les ont surpassés peut-être dans quelques parties de l'expression des paroles & dans la précision des idées. S'ils n'ont pas été aussi loin dans tout le reste, c'est que nos Chanteurs n'ont pas fait les mêmes progrès. Mais si l'on peut reprocher à ceux-ci le défaut d'exécution & les vices de leur méthode native, ils les ont rachetés par plus de vérité, de naturel, de simplicité, de grâce dans l'action dramatique. S'ils ont acquis moins d'art, ils ont montré bien plus de goût, & à un très-petit nombre d'exceptions près, nos bons Acteurs chantans sont très-supérieurs aux Acteurs d'Italie.

Pour les Poèmes, ce fut déjà un grand moyen de perfectionnement d'en avoir retranché le récitatif, ennuyeux par tout pays, & destructeur de tout développement, de toute finesse, de toute plaisanterie de bon goût, en un mot de tout naturel. Aussi les bons Bouffons Italiens commencent-ils à parler le leur, & il en résulte un mélange bizarre & disparate de sons inharmoniques, & de sons soutenus sur les accords du clavecin. Je n'ai pas besoin de faire remarquer combien nous l'emportons sur les Poëtes d'Italie, pour le choix du sujet, la construction de la fable, la distribution, la liaison des scènes & le style du dialogue : toutes ces parties sont excessivement négligées par les Italiens. Il n'en est qu'une qu'ils possèdent mieux que nous ; c'est l'art d'introduire dans leurs Drames Lyriques des situations musicales, & de les exprimer dans des vers favorables à la musique sur le rhythme qui lui convient. Cet avantage qu'on a cru long-temps, & que beaucoup de gens croient encore aujourd'hui appartenir à la langue, n'appartient qu'au talent du Poëte qui sait mieux se plier d'avance aux procédés du compositeur. Il ne tiendrait qu'à nous d'imiter ces formes trop ignorées, & nos poèmes lyriques seraient alors au-dessus de toute comparaison avec ceux des Italiens.

La preuve de notre supériorité dans ce genre, c'est que les Italiens eux-mêmes commencent à la sentir. Presque tous leurs Opéras nouveaux ne sont qu'une imitation de nos pièces de Théâtre ; mais leurs Poëtes se sont moins approchés des nôtres que nos Musiciens des leurs. Les Opéras qui réussissent le plus aujourd'hui chez eux sont ceux qu'ils ont traduits mot à mot des nôtres, avec les seuls changemens nécessaires pour amener des airs *rhythmés* & des *finals*.

Comme il résulte de tout ceci que, tout bien pesé, les Opéras Italiens ne valent pas les nôtres, je sens bien que je serai contredit par tous les amateurs passionnés du genre ultramontain; mais comme je tâche ici d'établir ce que je crois la vérité, je n'écris pas pour les enthousiastes. Je leur demanderais d'ailleurs un peu de reconnaissance pour un Théâtre à qui l'on doit en grande partie la révolution musicale, & qui leur a tenu lieu long-temps de celui qu'ils chérissent le plus. C'est à ce Théâtre qu'on a entendu la première musique & les premiers Chanteurs qui n'aient pas fait saigner les oreilles des étrangers. C'est à ce Théâtre que se sont formés tous nos compositeurs, & si Gluck même a pu réussir sur celui de l'Opéra, c'est que le Théâtre Italien avait long-temps auparavant préparé les esprits & les oreilles.

Si l'époque où l'Opéra Comique s'est établi sur le Théâtre Italien est la plus brillante qu'ait eue ce Spectacle, pourquoi n'a-t-elle pas été la plus durable? diverses causes s'y sont opposées. 1°. La suprématie de l'Opéra, & les persécutions qui en sont résultées. 2°. Le régime sous lequel il vivait; 3°. la négligence des Acteurs dans différentes parties de l'exécution. 1°. J'ai dit, en parlant de l'Académie royale de musique, avec quelle rigueur elle exerçait le droit des priviléges absurdes qui lui ont été accordés. Nul Théâtre peut-être n'a été victime de cette rigueur autant que celui des Italiens. Je ne parle pas de la redevance annuelle qu'elle les force de payer pour en obtenir le privilége exclusif de chanter : (privilége dont elle ne les fait pas jouir ;) elle les a obligés encore, jusqu'à ces derniers temps, de s'abstenir deux jours de la semaine de jouer des pièces en musique, les seules qui puissent leur attirer du monde. Perdre deux jours sur sept, c'est-à-dire 98 représentations sur 324, ne serait encore qu'un léger malheur, s'il leur était permis en effet de les perdre. Mais ils ont été obligés jusqu'ici d'avoir, pour ce remplissage, une seconde Troupe qui ne rendait pas ses frais, & qui partageait néanmoins comme si elle eût fait la moitié de la recette. C'est une des principales causes de l'état de détresse où ce Théâtre se voit réduit. Il est vrai que les Acteurs viennent d'obtenir la permission de jouer tous les jours indifféremment des pièces en musique. Mais ce remède vient bien tard dans leur situation critique ; il est vrai encore qu'ils se sont défaits, en conséquence de cette faveur, d'une partie de la Troupe de Comédie, mais au prix de quel sacrifice ! est-il temps de couper les membres quand le mal a pénétré jusqu'au cœur ?

Un second tort essentiel que leur a fait l'Opéra, c'est de leur interdire les pièces parodiées, c'est-à-dire les Opéras Comiques ajustés sur la musique Italienne. Ce n'est pas qu'il eût été convenable ni avantageux qu'ils consacrassent leur Théâtre à des ouvrages de ce genre; ces pièces, où la construction du poëme & l'élégance du style sont presque nécessairement sacrifiés aux effets de la musique, ne devaient pas tenir chez eux le premier rang. Elles auraient nui trop sensiblement aux progrès de l'art dramatique. Mais en paraissant de temps en temps sur leur Théâtre, elles auraient servi de modele & de morceaux d'étude aux jeunes compositeurs, & auraient empêché leur goût de s'égarer. Elles auraient fait plus: les Acteurs, obligés de soigner davantage leur chant pour exécuter cette espèce de musique, auraient conservé une meilleure maniere; ils se seraient même formé une méthode d'après les modeles qu'ils auraient entendus, & ne mériteraient pas les reproches qu'on leur fait aujourd'hui. Il est remarquable que, malgré les progrès que la Musique a faits en France, les anciens Acteurs de ce Théâtre sont encore en général ceux qui chantent le mieux.

2°. Le régime de société a été encore plus nuisible aux Acteurs du Théâtre Italien qu'à tous les autres. Les gentilshommes de la chambre ont multiplié parmi eux d'une manière effrayante les sujets d'un même emploi. Le prétexte était que les voix chantantes étant plus délicates que les parlantes, les Chanteurs avaient plus besoin de repos, & par conséquent de doubles, que les Acteurs récitans. L'expérience a prouvé contre ce principe ; car au temps de la réunion, la troupe chantante n'était guères composée de plus de sept à huit personnes ; jamais le Spectacle ne manquait, & il allait même très-bien. J'y ai vu depuis onze amoureuses, & le Théâtre tout prêt à fermer, faute d'amoureuses.

Cette foule de sujets, pour la plupart au-dessous du médiocre & au moins inutiles, avait le double inconvénient de grèver les bénéfices, & d'introduire dans l'administration une trop grande quantité de volontés qui ne pouvaient qu'embarrasser les ressorts. Le plus grand mal c'est que ces Acteurs, une fois reçus, paraissaient inamovibles ; ou si l'on en a renvoyé quelques-uns, c'est en faisant des sacrifices, & le despotisme même qui régissait ce Théâtre n'osait pas trop multiplier ces coups d'autorité. Dans la Comédie du moins, un Acteur à force de vieillir sur la scène, prend de l'habitude à défaut de talent réel, & finit par accoutumer le public à sa manière. C'est tout le contraire dans l'Opéra. Plus le Chanteur va en avant, plus ses moyens s'altèrent, & plus il devient par conséquent insupportable au public. Ainsi, par la raison même qu'on avait déja beaucoup de mauvais Acteurs qu'on ne pouvait renvoyer, il fallait encore en recevoir d'autres dont on espérait davantage, pour tâcher de les suppléer.

3°. C'en était bien assez de ces deux raisons pour ruiner ce Spectacle; il s'y en est joint une troisième, qui peut être reprochée aux Acteurs & à tous ceux qui concourent avec eux à l'exécution. Le temps de leur prospérité les a trop éblouis : ils ont cru que l'enthousiasme du public ne pouvait avoir de terme, & qu'ils n'avaient rien de plus à faire pour le soutenir. Ils ont négligé la partie du chant, l'ensemble, la précision & l'exécution de l'orchestre. Un même rôle était-il chanté par plusieurs Acteurs, chacun d'eux voulait être accompagné du mouvement qui lui était le plus commode. L'un voulait que l'on adoucît à tel endroit, l'autre qu'on y forçât. L'intention du compositeur n'était plus consultée, mais seulement la fantaisie du Chanteur. C'est en s'y prêtant que l'orchestre, quoique composé d'artistes fort habiles, a perdu la réputation dont il jouissait autrefois. Il ne sait plus conserver un mouvement, parce qu'il est obligé d'en changer sans cesse ; il n'a plus l'idée de la précision, parce que ces variations continuelles la détruisent. Il ne connaît plus les nuances, couvre toutes les voix & offusque les paroles, parce qu'on l'oblige de suppléer à la faiblesse ou plutôt à la paresse des Chanteurs.

Les Auteurs eux-mêmes ont peut-être contribué à gâter le genre à force de vouloir l'élever. Les grands effets du Drame ont été substitués à la Comédie naïve. Des scènes violentes ont remplacé des scènes comiques, & les cris & les convulsions ont détruit toute idée de chant. On a voulu avoir des morceaux d'ensemble, mais on a trop négligé d'y mettre de l'ensemble. On a voulu avoir des Chœurs en action, mais ces Chœurs, composés en grande partie de mauvais musiciens placés par la faveur & l'intrigue, sont toujours mal exécutés.

Une autre raison qui n'a pas contribué le moins à éloigner le public de ce Théâtre, c'est la négligence excessive avec laquelle on lui présente les ouvrages anciens. Il faut rendre aux premiers sujets la justice de convenir qu'ils étudient beaucoup, & qu'ils ne s'épargnent pas sur les nouveautés. Mais pour donner une pièce nouvelle, ils quittent tous leurs anciens rôles, & les Opéras, qui dans leur temps avaient fait le plus de fortune, abandonnés aux derniers doubles, sont devenus méconnaissables & n'attirent plus de spectateurs. Ceux qui se rappellent d'avoir vu les premières représentations de *Rose & Colas*, de

Tom-Jones, du *Tableau parlant*, & d'autres pièces semblables, ne peuvent s'empêcher de regretter ce genre, qui, avec moins de fracas que les pièces du jour, avait peut-être plus d'intérêt & de charme, & qui était surtout exécuté avec plus de soin. Mais si ceux-là n'ont pas oublié les sensations qu'ils en ont reçues, qu'ils se gardent aujourd'hui de revoir ces mêmes pièces. Elles ne leur causeraient plus que de l'indignation.

Je crois avoir suffisamment développé les causes de l'abandon, de la détresse où se trouve le Théâtre Italien; causes auxquelles il faut joindre celles des circonstances qui sont communes à tous les Théâtres, & celles (comme l'accumulation de dettes) qui sont particulières au régime de société. Mais ce n'est pas assez, il faudrait en trouver le remède. M. le Maire d'abord, la Municipalité ensuite, & finalement les Commissaires nommés par elle ont cherché à réunir ce Théâtre avec celui des Bouffons Italiens; c'est-à-dire, à supprimer la société de la Comédie Italienne & à donner l'entreprise de ce Théâtre aux personnes qui avaient déjà celle du Théâtre de *Monsieur*. Cette réunion, proposée en Octobre dernier, aurait peut-être été possible, si elle avait convenu à toutes les parties réciproquement; si, les intérêts pécuniaires bien assurés, on n'avait pas été arrêté par des intérêts d'amour propre; si on avait pu persuader à des Acteurs qui se regardaient comme propriétaires, ou qui du moins paraissaient ne dépendre que d'eux, de devenir les pensionnaires de quelques capitalistes ; si sur-tout le plus grand nombre, qui ne pouvait manquer d'être sacrifié dans un pareil arrangement, ne se fût pas opposé de toutes ses forces à cette négociation. C'eût été peut-être un effort de raison de la part des Acteurs sociétaires que de renoncer à une prétendue indépendance en faveur d'un état solide & constant. Le traitement qu'on eût fait aux Acteurs conservés aurait été plus considérable que celui qu'ils peuvent espérer dans les circonstances présentes. Ils auraient été délivrés de toute dette, de tout embarras, & je doute qu'ils jouissent de long-temps de cette précieuse tranquillité. Ils ne l'ont pas voulu. Aujourd'hui ce même projet se renouvelle, mais il offre de plus grandes difficultés.

Le Théâtre Italien, dans la vue de diminuer son fardeau pour l'avenir, vient d'aggraver sa situation présente en renonçant, non pas à la Comédie, mais à une grande partie des Acteurs qui la jouaient. On leur a donné à chacun 9000 liv. de retraite & une pension de 1500 liv., ce qui équivaut à un fonds de 240000 liv. ajouté à ce que ce Théâtre devait déjà. Il en faudrait faire autant pour ceux des Acteurs actuels que l'on ne pourrait pas garder. Si l'on joint cette dépense à celle des dettes de la Comédie, dont il faudrait bien répondre, aux pensions des Acteurs & gagistes retirés, aux charges que d'un autre côté supporte le Théâtre de *Monsieur*, augmentées encore par les pertes qu'il a éprouvées, aux engagemens qu'il a contractés pour plusieurs années avec d'autres Acteurs d'Opéra ou de Comédie, engagemens qu'il faudrait tenir ou acquitter : je demande s'il est quelque spéculateur assez fou pour se charger d'une entreprise aussi lourde, & s'il s'en présentait, comme la Municipalité est trop prudente pour ne pas exiger d'eux un fonds représentatif de la valeur qui leur serait confiée, je demande s'il en est d'assez riche pour l'effectuer.

Si cette réunion est reconnue impossible, il est inutile d'examiner si elle serait avantageuse. Constant dans mes principes, je crois que toute rivalité dans les arts est utile aux deux adversaires qu'elle tient sans cesse en haleine, & au public qui jouit de leurs efforts mutuels. Mais il vaut mieux qu'ils soient séparés ; les brigues, les cabales, ont des effets moins nuisibles sur deux Théâtres distincts que sur le même ; les préférences sont trop sensibles & trop cruelles quand elles sont données en présence des parties intéressées. Près l'un de l'autre le sentiment qui les anime est de la jalousie, éloignez-les, ce sentiment épuré ne sera plus que de l'émulation.

Si le Théâtre de *Monsieur* n'existait pas, si la Comédie Italienne voulait faire une entreprise de Bouffons, il faudrait bien se garder de la conserver toute l'année. Trois mois suffisent pour faire connaître à cette capitale ce que les Théâtres d'Italie ont de meilleur. Je suis même persuadé que, quelque part que ce soit, c'est de cette seule façon que cette entreprise doit être faite. Les amateurs ultramontains sont plus ardens que les autres, mais ils sont bien moins nombreux. Ils peuvent soutenir ce spectacle pendant trois mois, mais non pas pendant douze. Quoique cette entreprise sur le Théâtre de *Monsieur* ait beaucoup plus réussi qu'aucune des précédentes, jamais les recettes moyennes n'ont été assez fortes pour soutenir ce genre sans aucun autre secours.

Un nouvel obstacle qui se présente, c'est celui que font naître les Auteurs & compositeurs des Opéras Français. Ils remarquent, avec raison, que les Bouffons réunis à ce Théâtre y joueraient trois ou quatre fois la semaine, ce qui diminuerait d'autant les représentations françaises, & par conséquent le produit sur lequel ils avaient droit de compter. Mais en n'insistant sur ce motif que pour ce qu'il vaut, ils en allèguent un autre d'une bien plus grande importance, c'est le tort réel que l'Opéra Italien peut faire à l'Opéra Français, s'il est vrai, comme je crois l'avoir prouvé, que la concurrence est aussi dangereuse dans le même lieu qu'avantageuse à une certaine distance.

On dit à cela que, si l'Opéra Italien fait tomber l'Opéra Français, c'est qu'apparemment il vaut mieux ; c'est au moins qu'il est du goût du public ; que c'est alors la faute de l'Opéra Français s'il ne soutient pas la comparaison, & qu'il n'a qu'à devenir meilleur s'il veut avoir la préférence. Cette réponse spécieuse peut en imposer, mais un peu de réflexion fera voir qu'elle n'est pas fondée.

Il est de la nature de toutes les sectes contrariées & peu nombreuses d'être fanatiques, & il est de la nature du fanatisme d'être intolérant. Tel est en effet le caractère des amateurs passionnés de la musique Italienne. Non-seulement aucune autre musique, aucune autre manière de chanter ne peut leur plaire, mais ils souffrent impatiemment qu'elles plaisent à d'autres. Séparez les deux genres, dans un local différent, leurs amateurs respectifs iront, chacun de leur côté, encenser leur idole ; comme ils ne se rencontreront pas, vous pourrez en obtenir la paix. Si vous les réunissez dans le même temple, la guerre est déclarée, & la perte d'un des deux genres pourra seule la terminer. Les Ultramontains enflammés de l'ardeur des Néophites suppléeront par leur courage à la faiblesse de leur nombre, & à force de cris, de clameurs, de sarcasmes, de violences même, ils parviendront, sinon à changer l'opinion de leurs adversaires, au moins à les dégoûter de ce Théâtre & à les en éloigner.

On en a eu la preuve au Théâtre de *Monsieur*, quoique les deux genres qui y sont réunis y aient pris naissance en même temps & avec les mêmes droits; quoique les deux Troupes, dépendantes de la même entreprise, ne fussent pas divisées d'intérêt & n'aient véritablement pas cherché à se nuire l'une à l'autre, on n'y a jamais vu la victoire également partagée : c'est toujours toute entière qu'elle a passé d'un ou d'autre côté. Aux premières représentations, la Troupe Italienne est tombée, la Troupe Française, au contraire, a eu un succès éclatant. Un meilleur choix d'ouvrages, une meilleure distribution de rôles, un renfort de sujets, ont-ils relevé le genre Italien, vous avez vu le genre Français écrasé. Il semble qu'il n'y ait qu'un poids pour ces deux balances, qui les fait hausser & baisser alternativement. Cette vicissitude inévitable semblerait indiquer le seul moyen de rendre la réunion possible ; ce serait de n'avoir l'Opéra Italien que pour un temps, qui serait un temps d'étude & de repos pour les Acteurs Français ; mais ce n'est pas ainsi qu'elle est proposée, est proposée, & les intérêts de finance s'opposent, au moins tant qu'à présent, à l'exécution de ce moyen. Enfin, un dernier & puissant obstacle à cette dernière réunion, c'est que les Acteurs n'y consentent pas; que leurs Auteurs ne le veulent pas, que les entrepreneurs même du Théâtre de *Monsieur* ne peuvent avoir ni le désir ni la faculté de l'effectuer, sinon à des conditions onéreuses, & que ce serait user du despotisme le plus attentatoire à toute liberté, que de former une association contraire au vœu de toutes les parties contractantes.

Si donc cette réunion est impossible, il faut chercher une autre manière de relever le Théâtre Italien. Le public est-il entièrement dégoûté de son genre? je ne le crois pas. Rappelons donc ici les causes de sa détresse. 1°. La rigueur des circonstances, calamité commune à tous les Spectacles; 2°. la négligence dans l'exécution des ouvrages; 3°. la multiplicité des sujets inutiles; 4°. beaucoup de charges, & un peu de désordre peut-être dans l'administration.

1°. Les circonstances changeront nécessairement; & quand même la capitale ne reprendrait jamais le degré de splendeur dont elle jouissait ci-devant aux dépens des provinces & des campagnes, elle sera toujours assez riche pour soutenir les Spectacles établis. Les parts entières des Acteurs Ita-

I

liens ont quelquefois paſſé 30,000 liv. ; mais il n'eſt pas du tout indiſpenſable qu'elles s'élèvent juſque-là.

2°. Quant à l'exécution, il dépend d'eux d'y apporter tous les ſoins qu'elle exige. Qu'ils commencent par améliorer leur orcheſtre. (1) Rien n'eſt ſi facile à Paris, où abondent dans ce genre les talens les plus diſtingués. Dès ſon ouverture, le Théâtre de *Monſieur* a fait entendre l'un des meilleurs orcheſtres de l'Europe. Pour éviter toute faveur, toute intrigue dans le choix des ſujets, qu'ils chargent de ce ſoin l'orcheſtre lui-même préſidé par ſon Premier-violon. Qu'ils lui abandonnent la ſomme qu'ils veulent conſacrer à cette dépenſe; que le comité de l'orcheſtre la diſtribue à ſon gré entre les ſujets ; qu'il ſoit de même chargé des punitions, des récompenſes, de l'exécution des réglemens. Le Premier-violon ſera le ſeul reſponſable ; les Acteurs ne doivent avoir affaire qu'à lui.

Mais en exigeant de l'orcheſtre tout ce qui peut produire une bonne exécution, il faut que les Chanteurs eux-mêmes s'y ſoumettent ; qu'ils ne ſoient pas les premiers à dénaturer les nuances & la régularité des mouvemens.

---

(1) C'eſt ce qui a été fait dans la quinzaine de Pâques; voyez *le Supplément.*

Ce serait sur-tout les Chœurs que je voudrais régénérer. On pourrait employer le même moyen que pour l'orchestre; leur donner un chef uniquement responsable, qui eût sur les individus une autorité absolue, même celle de renvoyer ceux qui manqueraient de talent ou de docilité. Pour que cette responsabilité du chef pût être utilement maintenue, on sent qu'il est indispensable que les Acteurs s'interdisent auprès de lui toute espèce de sollicitation.

Ce qui distingue sur-tout les Bouffons Italiens, c'est la rigoureuse précision avec laquelle ils exécutent les morceaux d'ensemble; c'est à cette partie intéressante que les Acteurs Français devraient s'attacher. Elle n'exige qu'une attention soutenue, dont il ne faut pas se relâcher au bout de quelques représentations. Ce qui s'opposera long-temps sur ce Théâtre à la perfection désirée, c'est l'usage d'abandonner des rôles aux doubles. Une ou deux répétitions qu'on lui accorde ne sont pas suffisantes. Cet ensemble acquis avec tant de peine est bientôt détruit dès que vous y introduisez un nouvel être qui ne s'est pas long-temps familiarisé avec toutes vos conventions. Que celui-là manque, il entraîne tous les autres. Les Italiens ne sont si parfaits que parce que ce sont toujours les mêmes voix qui chantent le même morceau.

Sera-t-il hors de propos d'indiquer ici aux

Chanteurs Français le moyen le plus sûr & le plus facile d'acquérir cette précision dans l'exécution des morceaux d'ensemble. C'est que chacun d'eux apprenne d'avance, non pas seulement sa partie, mais le morceau entier, pour en faire ensuite les répétitions au seul forté-piano sans orchestre. Avec cet accompagnement simple & peu bruyant, on s'entend bien mieux ; le Claveciniste qui a sous les yeux la partition, voit plus facilement celui qui manque & le redresse. Dix fois il recommencera sans peine un passage difficile ; on répugnerait à faire recommencer de même sept à huit instrumens. Avec cette méthode, qui est celle des Italiens, trois ou quatre répétitions générales suffisent, & les Chanteurs, plus sûrs de leur fait avec moins de peine, peuvent épargner aux Instrumentistes beaucoup de fatigue & d'ennui.

J'avoue que ces moyens contrarient les préjugés, les usages reçus, qu'ils sont sur-tout peu favorables à la paresse ; mais aussi n'est-ce pas dans un temps de prospérité que je les propose aux Acteurs. Il s'agit de relever leur fortune, & ce n'est qu'en redoublant d'efforts qu'ils peuvent espérer d'y parvenir.

3°. La multiplicité des sujets inutiles est un mal, à beaucoup d'égards, incurable. Comment s'en défaire sans injustice ? Une société a-t-elle le droit de renvoyer quelqu'un de ses membres ?

je ne le crois pas, quoiqu'on l'ait fait plus d'une fois. On ne le pourrait aujourd'hui qu'avec des facrifices, mais le Théâtre Italien n'eft plus en état d'en faire. Il en a trop fait pour qu'on puiffe lui en propofer de nouveaux. Il faut donc trouver un autre expédient, & je m'en occuperai bientôt.

4°. Reftent les charges & le défaut d'ordre dans l'adminiftration. Il eft, ce me femble, dans les principes équitables de la Municipalité de venir au fecours d'un Théâtre qui périclite, & qui a encore, quoi qu'on en puiffe dire, des partifans nombreux. Il me paraît donc inconteftable qu'il fera délivré de l'injufte & odieufe redevance qu'il paye à l'Opéra, & même de l'onéreufe & inutile contribution qu'il paye aux pauvres. Au moins cette dernière ne devrait-elle être prife, à mon avis, que fur les bénéfices. Ces deux charges de moins feraient déja un grand foulagement.

Je vais maintenant propofer une idée, dont l'effet ferait d'abroger pour l'avenir le fyftême ruineux des penfions ; de tirer au moins quelque parti des fujets inutiles ; de ramener l'ordre & l'économie dans l'adminiftration, & en un mot, de détruire tout ce que peut avoir de vicieux le régime d'une fociété fucceffive, fans bleffer d'aucune manière ni l'amour propre ni l'intérêt d'aucun des individus formant actuellement cette fociété.

Sur quoi fonde-t-on particulièrement les reproches que l'on fait à ce régime ? Sur ce que les individus ne devant faire partie de la société que pour un temps, n'y apportent qu'un intérêt relatif à cette durée ; que ne devant pas s'occuper du bien être de ses successeurs, nul ne travaille pour la masse. Que les dettes s'accumulent dans les années fâcheuses, sans que dans les bonnes années personne ait intérêt à diminuer son partage pour combler le déficit précédent. Le remède à ce mal réel, serait de donner aux associés un intérêt durable, en rendant la société permanente, & c'est le plan que je vais offrir.

APERÇU

D'UN projet d'association permanente, à l'usage des Théâtres-Sociétaires, & notamment de celui de la Comédie Italienne.

LA Société du Théâtre Italien est formée actuellement de vingt-quatre membres, co-partageans par portions inégales. De ces vingt-quatre personnes, une partie pourrait prendre à son compte l'entreprise du Théâtre, & conserver les autres en leur donnant des appointemens. Il serait bon que le nombre des associés pût être réduit à huit ou dix au plus.

Les entrepreneurs, après avoir prélevé de la recette les appointemens, frais journaliers, frais annuels, pensions aux sujets retirés, partageraient seuls les bénéfices. Ils répondraient seuls des dettes du Théâtre solidairement, sur leurs biens meubles & immeubles, présens & à venir, qui y seront spécialement affectés. Pour l'extinction de ces dettes, il serait établi une caisse d'amortissement.

Ils auraient seuls voix délibérative aux assemblées sur les matières d'intérêts; mais les autres continueraient d'être consultés sur les objets de détail qui concernent l'exploitation du Théâtre. Les réceptions de Pièces ne pouvant être regardées que comme affaires d'intérêt, appartiendraient aux seuls entrepreneurs.

En formant la société, chaque membre sera tenu d'apporter en caisse une somme que je suppose de 20,000 liv., outre celle de 15,000 liv. qu'il a déja mise pour raison de ses fonds. Cette somme, fournie par chaque associé, produisant, s'ils sont dix, celle de 200,000 liv. doit servir en partie à rembourser les fonds des Acteurs qui n'auront pas voulu être de la société.

A la mort de chaque entrepreneur, ses héritiers ou ayant-cause auront la même part de bénéfice, mais ils ne pourront avoir voix délibérative, à moins qu'ils n'apportent une somme de 10,000 liv. de l'intérêt de laquelle il leur sera tenu compte à raison de cinq pour cent, indépendamment de celle de 15000 liv. provenant des premiers fonds de l'associé mort, & de celle de 20,000 liv. qu'il aura mise dans la société, lesquelles y resteront sans intérêt. Ces 10,000 liv. serviront à completter l'acquittement des dettes, afin de concentrer les créanciers du Théâtre dans la société.

L'associé mort ne pourra être représenté par une femme quand même cet associé aurait été lui-même de ce sexe, ni par plusieurs héritiers qui auraient divisé entre eux la somme de 10,000 l. nécessaire pour avoir voix délibérative. Ainsi, à la mort d'un associé, les co-héritiers seront obligés de vendre leur part à un seul individu mâle, ou à se contenter de leur part dans les bénéfices.

Les Acteurs formant actuellement la société pourront se réunir au nombre de deux, trois ou quatre pour completter les nouveaux fonds, mais à charge d'extinction, c'est-à-dire, que le dernier vivant d'entre eux conserverait seul le titre & les droits d'associé, en remboursant aux ayant-cause de ceux qui seraient décédés, seulement les avances de fonds qu'ils auraient faites. De sorte que quatre Acteurs ou Actrices ayant mis chacun 5000 liv. pour completter les 20,000 liv. de fonds, si l'un d'eux meurt, les trois autres rembourseront à sa famille la somme de 5000 liv., plus les premiers fonds qu'il avait dans l'entreprise, & la part dans les bénéfices demeurera en propriété aux trois survivans. Il en arrivera ainsi jusqu'à ce que la portion d'intérêt demeure entière à un seul individu.

Chaque Acteur associé pourra vendre sa part, mais avec l'agrément de la compagnie qui aura le choix de la garder pour elle, c'est-à-dire, de l'anéantir, ou d'accepter la personne proposée par le vendeur; si cette personne n'est pas un Acteur du Théâtre, elle sera tenue, en entrant dans la société, pour avoir voix délibérative, d'apporter une somme de dix mille livres, comme il a été dit pour les héritiers. La compagnie n'aura le droit d'acquérir & d'annuller les portions d'intérêts, que jusqu'à ce que le nombre des associés soit réduit à cinq.

Les Acteurs présentement à ce Théâtre, qui ne pourront pas, ou qui ne voudront pas faire partie de la nouvelle société, seront conservés avec des appointemens proportionnés à leurs parts actuelles; c'est-à-dire, que ceux qui ont maintenant part entière ou $\frac{7}{8}$ de part, auront les premiers appointemens. Ceux qui ont $\frac{3}{4}$ ou $\frac{5}{8}$ de part, seront dans la seconde classe; ceux qui ont demi-part ou $\frac{3}{8}$ seront dans la troisième classe; & ceux qui n'ont qu'un quart ou un huitième, dans la quatrième classe; attendu que ces co-partageans fractionnaires devaient compter fur une prochaine augmentation.

Pour évaluer les différentes claffes d'appointemens, il fera fait un relevé des bénéfices des fix dernières années, déduction faite de tout emprunt, lequel fera divifé en 23 parts, comme elles exiftaient alors. Du produit net de ces portions de bénéfices, les deux tiers repréfenteront les premiers appointemens, & le refte fera divifé en *feux*. Ainfi foient fuppofés les bénéfices d'une année moyenne prife fur les fix dernières, à 414,000 liv. les 23 parts entières donneront chacune 18,000 liv. dont les deux tiers font 12,000 liv., lefquelles formeront la première claffe d'appointemens; la feconde fera de 9000 liv., la troifième de fix, & la quatrième de 3000.

Les feux de la première claffe feront de 36 liv., ceux de la feconde de 27 liv., de la troifième de 18 liv., & de la quatrième de 9 liv. Les affociés décideront entre eux de la différence qu'il ferait jufte d'établir entre les Acteurs de la même claffe, qui ne joueront le même jour qu'un rôle, & ceux qui en joueront deux. Il réfultera de cet arrangement que les Acteurs de la première claffe qui joueront de deux jours l'un, feront monter leurs appointemens jufqu'à près de 18,000 liv.

Les Acteurs affociés jouiront des mêmes *feux* que ceux aux appointemens, en raifon de leurs parts actuelles, & ce, tant que leurs services paraitront agréables au public, ce qui sera jugé par la compagnie elle-même, à la pluralité des voix. La compagnie décidera de même des augmentations de feux que pourront mériter par leurs talens & par leur zèle, ceux de ses membres qui ne jouiraient pas encore des feux entiers.

Les feux seront partagés tous les mois, & les appointemens quatre fois l'année. Ces appointemens seront garantis par toute la société, comme dette privilégiée avant toute autre.

Les Acteurs présens qui ne voudraient pas être de la société, ne pourront prétendre en se retirant qu'à une pension proportionnée à leur temps actuel de service, à raison de 100 liv. par an; de sorte que ceux qui sont reçus depuis dix ans n'ont droit qu'à une pension de mille livres, à moins qu'ils n'aiment mieux laisser à la société une somme de 1000 liv. par année sur leurs appointemens, laquelle leur serait prise en rente viagère, à raison de dix pour cent.

Jusqu'à ce que les Acteurs qui ne voudront pas être sociétaires aient fini quinze années de leur temps, à compter du jour de leur réception, il ne pourra être rien changé à leur sort. Mais au bout de ce temps la compagnie pourra les obliger de se retirer, ou faire avec eux des conditions nouvelles, si elle juge leurs talens encore agréables au public.

Les Acteurs, soit associés, soit appointés, qui se retireront, seront remplacés par d'autres sujets, lesquels seront toujours appointés, & ne pourront prétendre à aucune pension. Mais ils pourraient entrer dans la société, si quelque jour il s'y trouvait des portions vacantes ou dont quelque associé voulût se défaire.

TELLE est l'esquisse du plan que j'avais à proposer pour ce Théâtre, & dont les autres pourront profiter. Il est sans doute susceptible d'un grand nombre de modifications; mais il réunit au moins les bases sur lesquelles pourrait être établi le régime de cette société. Il pourrait s'appliquer de même au Théâtre Français, mais non pas (au moins quant à présent) au grand Théâtre lyrique. Les Acteurs Français & Italiens sont depuis long-temps titulaires-bénéficiers. Ceux de l'Opéra ne l'ont jamais été que sous l'inspection du Ministre, de Directeurs & d'autres autorités subalternes qui les gênaient dans leur gestions. Il faudrait savoir ce qu'ils sont en état de faire abandonnés à eux-mêmes. C'est après les avoir vu agir pendant quelques années dans une société précaire, que la Municipalité pourra juger s'il doit leur être permis de la rendre permanente.

Je vois à ce régime des avantages nombreux; j'en vais faire sentir les plus remarquables. 1°. Il n'est pas douteux que les Acteurs devenus de véritables propriétaires, au lieu de simples usufruitiers qu'ils étaient, ne mettent à leur exploitation un zèle bien plus réel & plus efficace. 2°. Ils auront à liquider leur affaire & à la débarrasser de toutes ses charges, un intérêt qu'ils n'avaient pas. Leur dette en conséquence sera bien mieux assurée pour les créanciers. Elle le sera d'autant plus, que ces créanciers auront pour nouveau gage la caution personnelle, & la solidarité des Acteurs. 3°. Dans le régime actuel les pensions se multiplient à l'infini, & grèvent d'autant l'entreprise ; dans le régime proposé, elles s'éteindront peu à peu, & les bénéfices augmenteront à proportion. 4°. A présent les Acteurs qui ne se sont pas assez occupés de leur fortune, restent au Théâtre le plus tard qu'ils peuvent, parce qu'ils perdraient à peu près tout en se retirant. Plusieurs survivent de beaucoup à leur utilité ; on les garde cependant par égard pour leurs anciens services, mais ils occupent des places qui seraient mieux remplies par de jeunes sujets ; dans le plan proposé, ces Acteurs seraient les premiers à demander leur retraite, à laquelle ils ne perdraient que leurs feux. Ils sentiraient aisément qu'en faisant le bien général ils font leur bien propre, & le désir de se montrer à un public qui les dédaigne, ne l'emporterait plus sur celui de faire prospérer leur propriété. 5°. Les Acteurs médiocres ou mauvais qui font maintenant partie de la troupe, sont bien éloignés de vouloir la quitter à quelque prix que ce soit, précisément parce qu'ils sont mauvais; où trouveraient-ils ailleurs à se placer? Devenus véritables entrepreneurs, ils pourront être au moins employés dans la gestion d'une manière utile. Ils joueront rarement parce qu'ils auront quelque chose de mieux a faire que de dégoûter les spectateurs. 6°. L'administration réduite à un petit nombre d'individus qui auront un intérêt durable & un même but, ne sera plus exposée à ces chocs violens de prétentions diverses & de volontés qui, se croisant sans cesse, la remplissent de désordre & de confusion. 7°. Enfin ce Spectacle aura ainsi les meilleurs entrepreneurs qu'il puisse avoir, ceux qui connaissent le mieux la machine, qui sont le plus en état de la diriger.

Tout le monde, à peu près, est d'accord sur l'avantage de mettre les Spectacles en entreprise. Mais on n'a pas assez fait d'attention peut-être au choix de l'entrepreneur, qui, pour l'intérêt public, n'est rien moins qu'indifférent. Des Capitalistes qui n'y voient que de l'argent à gagner, prennent rarement le meilleur moyen d'y parvenir. Ils ignorent trop l'art de semer à propos pour recueillir ensuite. Pour se bien conduire avec des artistes, il faut soi-même avoir professé les arts; pour diriger une troupe de Comédie, il faut avoir vécu long-temps parmi les Comédiens.

Des Auteurs, Poëtes ou Musiciens, qui travaillent encore pour le Théâtre, ne sont pas propres non plus à diriger un Spectacle; l'intérêt de leur amour-propre l'emporte trop sur tout autre intérêt. Il est presque impossible qu'ils ne protègent pas leurs productions aux dépens de celles des autres. Quand cela ne serait pas, leurs rivaux ne pourront s'empêcher de le croire : ils s'éloigneront, & le Théâtre perdra ses plus fermes appuis.

Ce même inconvénient subsiste aussi, quoiqu'avec moins de force, pour les Comédiens qui n'ont pas encore renoncé à la scène; mais vous voyez que dans le plan proposé, bientôt il n'existerait plus. Ils se retireraient peu à peu & ne conserveraient dans l'entreprise que le fruit d'une longue expérience. C'est à cette expérience que se formeraient peu à peu ceux qui par droit d'hérédité leur succéderaient, & la machine paraîtrait sans cesse réglée par ceux qui en auraient forgé les premiers ressorts.

Je m'attends à une objection. Les Acteurs composant actuellement la troupe du Théâtre Italien sont au nombre de vingt-quatre, hommes & femmes. Si cette entreprise s'offre sous un point de vue si avantageux, tous voudront en faire partie. Comment donc ne porter qu'à dix le nombre des associés, qui par suite même doit être réduit à cinq? Comment en écarter les femmes, comme j'ai paru l'indiquer? S'il faut faire un choix dans ce nombre, qui sera exclu? De quel droit les uns dépouilleraient-ils les autres sans leur consentement, & qui voudra renoncer à un droit commun à tous?

Assurément cette entreprise sera fort avantageuse au public, aux créanciers de ce Théâtre, & sous ces rapports elle doit l'être à la Municipalité. Mais les avantages qu'elle offre aux Acteurs eux-mêmes ne sont pas aussi palpables, au moins pour les premiers temps. Je conçois que d'abord tous les membres actuels de la compagnie seront flattés de devenir propriétaires ; qu'au contraire leur amour-propre pourra se révolter à la seule idée d'être pensionnaires de ceux dont ils furent long-temps les égaux. Mais en y réfléchissant mieux, ils verront bientôt que cette distinction n'est qu'une pure chimère; qu'ils n'auront perdu aucun de leurs droits ; qu'ils ne recevront la loi que des devoirs qu'ils se feront eux-mêmes imposés, & que les associés seront soumis comme eux à cette même loi, & d'une manière encore plus sévère, puisqu'ils auront un plus grand intérêt à la maintenir. Ils auront sur ces associés un avantage, c'est celui de pouvoir se retirer s'ils sont

mécontens

mécontens de leur fort, & d'aller ailleurs en chercher un plus digne de leurs talens.

Quand ils y regarderont de près, ils verront que des appointemens fixes font toujours préférables à des bénéfices éventuels; qu'il vaut bien mieux compter folidement fur une fomme déterminée, que de l'attendre des événemens, que les circonftances préfentes rendent fort incertains. Ils penferont d'ailleurs que leurs appointemens joints à leurs feux feront néceffairement, & furtout dans les premières années, beaucoup plus forts que les bénéfices des affociés. Ces confidérations l'emporteront fans doute fur un vain intérêt d'amour-propre.

Dans un temps de profpérité, cet arrangement fans doute eût été beaucoup plus difficile. Mais dans une perfpective auffi hafardeufe, lorfqu'il faudra fe charger d'une entreprife très-lourde & d'une dette immenfe; lorfqu'il faudra en répondre, non plus fimplement fur la chofe, mais fur fa propre exiftence; quand on fongera qu'il faut payer des frais énormes, les penfions de fujets retirés, les intérêts de la dette, les appointemens d'Acteurs, & mettre encore en caiffe la fomme deftinée à l'amortiffement, avant de rien partager; lorfqu'encore il faudra trouver comptant une fomme de 20,000 liv. que l'on peut perdre, loin de craindre que tous les Acteurs veuillent entrer

K

de force dans la société nouvelle, je crains bien plutôt que tous ne difent : Donnez-moi mes douze, mes fix mille francs & mes feux, & gardez votre propriété.

Cette affociation ne convient bien qu'à ceux des Acteurs qui ont des enfans, & qui voudront leur laiffer un établiffement comme on laiffe un fonds de commerce. Les commencemens feront durs, car, excepté les feux, il ne leur reftera prefque rien. Mais par fuite ils verront les penfions s'éteindre, & les fardeaux de tout genre diminuer infenfiblement, & c'eft alors que l'opération fera excellente. Mais une jouiffance à venir ne convient pas à tout le monde; on a donc lieu de croire que les vingt-quatre perfonnes fe réduiront aifément à huit ou dix. Si pourtant tous les vingt-quatre Acteurs tenaient fermement à faire partie de la fociété, fi, fans être ébranlés par les motifs que je viens d'alléguer, ils trouvaient leur amour-propre compromis à fe voir ftipendiés par leurs camarades, la fociété propofée pourrait encore s'effectuer. Il s'agirait alors de la faire feulement à vie, à peu près en forme de tontine, de manière que le droit de partager s'éteignît à la mort de chacun des membres, & retournât aux autres. La propriété ne refterait perpétuelle qu'aux cinq ou fix derniers furvivans.

Pendant que j'écris ce Mémoire, la Commune

a exprimé son vœu de mettre les Théâtres Français & Italien en entreprise. Je ne sais s'il n'y aurait pas de la tyrannie à les y contraindre, mais dans tous les cas, il me semble que parmi les entrepreneurs qui se présentent, les possesseurs actuels doivent être préférés.

Dans cette forme & en s'occupant des améliorations que j'ai indiquées, je crois que le Théâtre Italien peut voir renaître son ancienne prospérité. Mais pour être sûr qu'ils ne se relâcheront pas sur ces améliorations, je leur voudrais comme aux Français un Théâtre rival en concurrence ; voyons si le Théâtre de *Monsieur* est propre à remplir ce but.

DU THÉATRE DE MONSIEUR.

SI l'on considère ce Théâtre d'après son succès & l'opinion la plus générale, il est, parmi nos grands Spectacles, celui qui a le plus de réputation & qui se soutient le mieux. Si l'on examine son existence réelle, aucun n'est dans une situation plus précaire & plus critique. Arraché par des circonstances impérieuses d'un asyle qu'il avait dû regarder comme sacré, c'est en vain que depuis six mois il en implore un autre : loin qu'on lui accorde à cet égard de justes dédommagemens, loin qu'on lui permette de bâtir, même à ses frais, une Salle nouvelle, on va jusqu'à rendre sa durée problématique & mettre en question s'il est convenable de le conserver (1). Cependant c'est un établissement qui ne fait que de naître; les compagnies qui l'ont formé n'ont pas encore eu le temps, non seulement de retirer quelque fruit de leur spéculation, mais même de voir rentrer la moindre partie de leurs avances; & puisqu'il avait obtenu la faveur publique, il semble qu'il avait quelque droit aux faveurs du gouvernement. Je ne décide pas la question si le gouvernement doit protéger ou non de nouvelles entreprises de Spectacles; mais s'il croit devoir y mettre quelque opposition, c'est avant leur naissance, avant que les spéculateurs aient pris des engagemens considérables & mis leurs fonds dehors. Il vaut mieux les arrêter au port, que d'attendre, pour les couler à fond, qu'ils voguent à pleines voiles.

Un résumé historique de l'établissement de ce Spectacle, pourra ne pas déplaire à ceux qui le voient avec intérêt. On sait que *Monsieur*, frère de Louis XIV, avait permis à une troupe de Comédiens de s'établir à Paris sous sa protection.

---

(1) Ce Théâtre a obtenu enfin justice. Voyez *le Supplément*.

On en a conclu que c'était un droit inhérent à la personne du frère puîné d'un Roi de France, d'avoir une Troupe privilégiée fous fon nom. C'eft au moins l'idée qu'ont eue les gens de lettres, lorsqu'ils ont fongé pour la première fois à oppofer un fecond Théâtre au defpotifme, aux vexations privilégiées des Acteurs Français. Ceux-ci prévinrent le coup, & avant que les gens de lettres euffent encore fait aucune démarche, ils profitèrent adroitement d'une fête que *Monfieur* donnait à Brunoi, & dans laquelle ils fe diftinguèrent par leur zèle. Ce Prince reconnoiffant cherchait à les en récompenfer : ils lui demandèrent, pour unique faveur, fa parole de ne jamais faire ufage contre eux de fon privilége. *Monfieur* qui n'avait aucune intention à cet égard, dans ce moment d'émotion, encore pénétré d'un fentiment de bienveillance, confentit à ce qu'ils voulurent, & figna même un écrit par lequel il s'engageait à ne jamais prêter fon nom pour l'établiffement d'un fecond Théâtre Français.

C'eft ainfi que les efpérances des gens de lettres fe virent fruftrées. Mais l'idée du privilége de *Monfieur* ayant été réveillée, d'autres fpéculateurs cherchèrent à en tirer parti.

Depuis long-temps les amateurs de mufique Italienne défiraient auffi paffionnément l'établiffement d'un *Opéra buffa*, que les amateurs de Comédie défiraient celui d'un Théâtre Français. On avait déja fait plusieurs fois cette tentative, mais soit qu'elle ait toujours été dirigée sans intelligence & sans connoissances locales, soit qu'on n'ait pas su modifier ce genre d'après le goût Français, soit que la grandeur de la salle où on avait placé l'Opéra Bouffon en détruisît tout l'effet, soit que les partisans de cette musique ne fussent pas encore assez nombreux, soit enfin par toutes ces raisons ensemble ; le succès avait toujours été médiocre, & la troupe Italienne n'avait pu se soutenir plus d'un an.

Quelques gens instruits ayant développé d'une manière assez juste les causes de ce peu de succès, les Directeurs du Spectacle de Versailles profitèrent de leurs idées, & firent venir à bon compte & pour un temps assez court, la compagnie de Londres qui n'a rien à y faire depuis le 1ᵉʳ juillet jusqu'à la fin d'octobre suivant. Cette troupe qui s'est trouvée assez bonne, avec un répertoire bien choisi qui n'exigeait ni nouvelles études, ni un grand nombre de répétitions, fit beaucoup de plaisir, & l'on eut lieu de croire qu'elle en aurait fait encore plus à Paris, puisqu'un assez grand nombre d'amateurs de cette Capitale ne craignaient pas de faire huit lieues pour venir voir à Versailles l'Opéra Bouffon.

Ces Directeurs voulurent donc établir à Paris

ce genre de Spectacle: la permission leur en fut refusée. C'est alors qu'on pensa au privilége de *Monsieur*. On mit en avant une personne très-favorisée qui obtint *en son nom* un brevet très-étendu, puisqu'il ne se borne pas seulement aux Opéras en langue Italienne, mais qu'il permet encore de jouer ces mêmes Opéras traduits, imités, parodiés en Français, *& autres pièces autorisées*, expression indéterminée qui a donné lieu à quelques discussions. Il est inutile de rapporter ici celle qui s'est élevée entre les Directeurs de Versailles & le Titulaire du privilége de *Monsieur*, puisqu'elles sont terminées à l'amiable.

Il se forma donc une Compagnie pour l'exploitation de ce privilége. Les premiers qui la composèrent, fort versés d'ailleurs dans les affaires d'administration en général, & aussi instruits des détails de Spectacles, que peuvent l'être de simples amateurs qui n'y ont pas passé leur vie, manquaient malheureusement des connoissances les plus essentielles au genre de Spectacle qu'ils voulaient établir. Ils le sentirent d'avance, & craignant que l'entreprise Italienne n'eût le sort de toutes les précédentes, craignant aussi que l'Opéra Français ne suffît pas pour la soutenir, ils tournèrent leur vue vers la Comédie Française, à laquelle il était naturel qu'ils crussent s'entendre mieux, & voulurent s'en faire une ressource pour l'avenir.

Ce fut cette précaution qui leur nuisit, en leur suscitant des persécutions qui ont peut-être plus influé qu'on ne pense sur la situation présente de ce Théâtre. Les Acteurs du Théâtre Français, prompts à s'alarmer de tout ce qui offrait l'apparence d'une seconde Troupe, mirent les plus violentes oppositions à l'exércice du privilége. Les actionnaires fondaient leurs droits sur cette expression vague du brevet & *autres pièces autorisées*. L'affaire fut réglée ministériellement entre les gentilshommes de la Chambre, protecteurs respectifs, & il fut décidé que la Troupe de *Monsieur* pourrait jouer de petites Comédies en un ou deux actes, mais qu'elle ne pourrait aller jusqu'à trois. Ces misérables altercations de Théâtre, trop peu connues du public, sont précieuses à conserver, comme les monumens d'un despotisme absurde dont nous devons nous estimer bien heureux d'être délivrés. Au surplus cette barrière élevée contre la Comédie du Théâtre de *Monsieur*, se trouva bientôt inutile, car la Troupe tomba dès sa naissance, & ne s'est jamais bien relevée depuis.

Quand on voulut former la Troupe Italienne, le hasard fit que Morelli, celui des Bouffons qui avait le plus réussi à Versailles l'année précédente, se trouvât pour lors à Paris. Comme les actionnaires n'avaient aucune correspondance en Italie, qu'ils n'en connaissaient ni les mœurs, ni les usages, ni les formes théâtrales ; comme ils ne savaient ni quels étaient les sujets en vogue, ni quel genre de talens pouvait le plus réussir parmi nous, ils crurent ne pouvoir mieux faire que d'engager Morelli, & le charger, dans la tournée qu'il allait faire en Italie, d'en ramener tous les sujets dont on avait besoin. Morelli sentit combien il leur était nécessaire ; il se fit payer en conséquence. On ne chicane point avec la nécessité : les entrepreneurs en passèrent par où il voulut. Ils ne sentirent pas que la paye accordée à Morelli servait de base pour tous les autres Chanteurs, établissait en Italie une sorte de tarif des divers appointemens du Théâtre de *Monsieur* ; aussi, quelque soin qu'on ait pris depuis pour changer les opinions à cet égard, la Troupe Italienne est encore beaucoup plus chère qu'elle ne devrait l'être.

Morelli partit donc, autorisé à former cette Troupe. Il en arriva ce qui arrive toujours en pareil cas lorsque l'on confie une entreprise à un des Acteurs qui n'y est pas intéressé. Il consulte son amour propre plutôt que le bien de la chose, & pourvu qu'il se réserve l'occasion de briller, le reste l'inquiette peu. Il avait déja conseillé à Paris l'engagement de quelques Acteurs qui s'y trouvaient, & qui, malgré son approbation, parurent ensuite si détestables, que l'un ne put jouer qu'un rôle, & qu'un autre n'en put jouer du tout. Le seul Acteur vraiment précieux, que Morelli ait procuré, c'est Rafanelli. Mais il faut obferver que le mérite de cet Acteur, fi vrai, fi fublime, n'était pas apprécié ; fa valeur en Italie, où l'exagération & la caricature l'emportent toujours fur le naturel. Si Morelli avait été en état de le juger, il fe ferait bien gardé de le prendre pour camarade. Au refte, la preuve du peu d'intérêt qu'il mettait à l'entreprife, c'eft qu'il prit lui-même d'autres engagemens en Italie, & refufa de tenir celui qu'il avait contracté à Paris.

Cette malheureufe manie, de s'en rapporter aux Acteurs pour tous les détails, devenue indifpenfable dans la pofition des actionnaires, fit tomber le premier ouvrage, & penfa ruiner à jamais l'entreprife dès le premier jour. Un fujet inintelligible, un poëme dépourvu de comique & de fituations ; un récitatif d'une longueur infupportable, & dans lequel toutes les abfurdités italiennes avaient été fcrupuleufement confervées (toutes chofes qui pouvaient être aifément prévues & corrigées d'avance) firent croire que jamais le genre Italien ne pourrait fe foutenir à Paris. On confeilla aux entrepreneurs de donner le *Roi Théodore*, dont le fujet avait au moins le mérite (car c'en eft un pour des auditeurs Français) d'être connu par une traduction eftimable, donnée à Verfailles. Cet avantage, celui d'une mufique où régnait plus d'unité, où l'on trouvait de plus grands effets d'harmonie, une meilleure diſtribution de rôles qui faiſait mieux valoir le talent de chaque Acteur, relevèrent enfin les eſpérances, & cet Opéra réuſſit beaucoup.

Mais pendant l'étude de cet ouvrage, les actionnaires furent à portée de ſe convaincre du danger de confier aux Acteurs le ſoin de ſe diriger eux-mêmes. Les jalouſies, les rivalités, les prétentions croiſées avaient introduit par-tout le déſordre, & reculaient d'autant une première repréſentation d'où l'on attendait ſon ſalut. Enfin on y porta remède, & depuis cette époque juſqu'au mois de Septembre, la Troupe Italienne n'offrit plus qu'une ſuite non interrompue de ſuccès. *La Serva Padrona*, *J Filoſofi immaginarj*, *l'Impreſario in Anguſtie*, *la Villanella rapita*, *il Barbiere di Siviglia*, *le Nozze di Dorina*.... A ce moment la compagnie fut changée; il s'établit un nouvel ordre de choſes dont il n'eſt pas encore temps de parler.

Autant la Comédie à ce Théâtre avait paru ſans reſſource, autant la Troupe Italienne avait paru ennuyeuſe & mauvaiſe dans les commencemens, autant, au contraire, les Chanteurs Français & le premier Opéra qu'ils donnèrent parurent faire de plaiſir. Le public en écouta le Poëme avec beaucoup d'indulgence; il s'amuſa de bonne foi de tout ce qu'il y trouva d'amufant, fans chercher à en éplucher les défauts ; il fe livra fans retenue aux beautés réelles de la mufique, & admira furtout un orcheftre parfaitement compofé, parfaitement conduit, où régnait un enfemble, une obfervation des nuances & des égards dus à la voix, dont les autres orcheftres de Paris n'avaient pas encore donné l'idée. Les trois principaux Chanteurs de cet Opéra ne réuffirent pas moins, & firent beaucoup préfumer du refte de la Troupe. Malheureufement ceux qui n'avaient pas encore paru n'étaient pas en état de foutenir cette opinion favorable : on s'en aperçut au fecond Opéra qu'ils firent tomber avec eux. Une fuite d'ouvrages ou mauvais, ou médiocres, ou mal exécutés, acheva de difcréditer le genre. Pendant ce temps l'Opéra Italien fe relevait à proportion ; il avait acquis trois nouveaux fujets qui réuffirent complettement; il en vint auffi pour l'Opéra Français, mais qui ne répondirent pas auffi bien à l'efpérance qu'on en avait conçue. Il arriva que les amateurs du genre Français fe dégoûtèrent ; ils cédèrent aux Ultramontains une place qui ne leur paraiffait pas valoir la peine d'être défendue, & l'enthoufiafme exclufif de ceux-ci décida, fans contradiction, que jamais l'Opéra Français ne ferait en état de foutenir la concurrence contre l'Opéra Italien.

Cette idée était fans doute exagérée & n'aurait

pas dû être adoptée sans examen. En effet, si les Italiens ont pour eux une perfection de chant à laquelle les Français, au moins de long-temps, ne peuvent pas se flatter d'atteindre, ceux-ci ont bien aussi quelques avantages de leur côté. 1°. La musique qu'ils exécutent est la même; & s'il est vrai que cette musique perde quelque chose en passant d'une langue dans l'autre, elle y gagne au moins de devenir intelligible au plus grand nombre qui ne sait pas la langue Italienne, & pour qui le plus bel Opéra n'est qu'une longue symphonie exécutée par des voix, sans qu'il en puisse apprécier l'expression. 2°. Les Poëmes Français pouvaient être beaucoup meilleurs que les Poëmes Italiens, même en supposant que dans la parodie on en eût conservé le sujet. Pour obtenir de ces Poëmes raisonnables, qui auraient satisfait des auditeurs beaucoup plus sensibles à ce mérite qu'aux beautés purement musicales, il aurait fallu encourager de jeunes Auteurs & les exciter, par de grands avantages, à cultiver ce genre qui pouvait devenir intéressant. C'est ce dont les entrepreneurs ne s'occupèrent pas assez : ils négligèrent trop cette ressource. Ils n'ont pas voulu voir qu'il y a trop peu d'amateurs d'Italien à Paris, pour soutenir seuls un Spectacle rendu si dispendieux. C'est à à force de cris & d'exclamations que ces amateurs en imposent sur leur nombre, mais les recettes moyennes ont fait voir à quoi ce nombre doit être réduit. Il fallait donc entretenir l'Opéra Italien pour la gloire, pour la réputation de ce Théâtre ; mais il fallait donner tous ses soins, toute l'attention possible à relever l'Opéra Français, pour en faire la base & le soutien. La preuve qu'on y serait parvenu, & que les amateurs Français forment toujours le plus grand nombre, c'est que les Opéras donnés en Français aux Beaujolais, quoiqu'avec une exécution incomparablement inférieure, soit pour les voix, soit pour l'orcheftre, ont amené plus de monde à proportion, ont fait constamment plus de recette, que ces mêmes ouvrages parfaitement exécutés en Italien au Théâtre de *Monsieur* (1).

Au 1er Septembre, c'est-à-dire environ huit mois après l'ouverture, les premiers actionnaires cédèrent leur intérêt, & ce qui est assez extraordinaire dans toute entreprise nouvelle, ce qui prouve combien celle-ci était faite pour prospérer, ils se retirèrent avec un bénéfice beaucoup plus fort qu'ils ne devaient naturellement l'attendre. Je remarquerai de nouveau à cette occasion, combien la gestion d'un Spectacle convient peu à des personnes qui n'y sont pas nées, pour ainsi dire, qui n'en ont pas pratiqué de longue main tous les détails intérieurs. Que des Comédiens se réu-

---

(1) Voyez *le Supplément*.

nissent pour faire une entreprise en commun, quels que soient leur nombre & la diversité de leurs caractères, ils partiront nécessairement des mêmes bases ; ils auront les mêmes principes, appuyés sur une expérience uniforme ; s'ils different quelquefois dans l'application, ce ne peut être que sur des objets légers, indifférens, sur lesquels ils peuvent, sans danger, se céder tour à tour. Que des gens du monde, au contraire, fassent une entreprise de ce genre, jetés dans une forêt inconnue, chacun d'eux y voudra suivre un sentier différent. Le moyen de ne pas s'égarer ? S'ils ont des principes, ils n'auront pu les puiser que dans des affaires d'un autre genre, & il n'en est aucun qui ait le moindre rapport avec celui-là. Variant ainsi dans le principe ou dans l'application, comment pourront-ils s'entendre ? toujours incertains dans leurs démarches, ils seront accablés de conseils donnés par leurs sociétés qu'ils regardent comme le public. Mais autant de sociétés, autant d'opinions diverses. L'avis du public même, quand il serait possible de le rassembler & de le consulter, ne pourrait leur être utile. Le public est bon juge des effets qu'il voit tous les jours, mais il ne connaît pas les causes & n'est pas en état de les déterminer.

On voit bien qu'une association pareille ne saurait subsister. Si l'un des membres cède quelquefois à l'autre par complaisance, il voudra que l'autre lui cède à son tour, & ces complaisances sont pernicieuses quand elles portent sur des objets essentiels. Elles finissent par entraîner la ruine de l'affaire. Le remède serait que tous les membres donnassent une confiance entière au plus instruit d'entre eux, ou qu'ils abandonnassent leurs intérêts à un régisseur intelligent; mais cette confiance elle-même est dangereuse quand elle se trouve mal placée; & puis, pour la donner entière à un autre, il faudrait n'en pas avoir en soi-même, & c'est là ce qui n'est pas aisé.

Telle est l'histoire de la première compagnie du Théâtre de *Monsieur*. Ce Spectacle allait fort bien à l'égard de la recette, mais les roues qui le faisaient aller s'accrochaient sans cesse ; le jeu intérieur était continuellement embarrassé. Ces actionnaires eurent la prudence de céder à d'autres mains la machine avant qu'elle fut tout-à-fait détraquée. Puisse leur exemple être utile aux capitalistes & aux autres personnes qui, par spéculation ou par goût pour les arts, ont la manie de vouloir régir des Spectacles ! Qu'ils se persuadent bien que ce genre d'entreprise suit une route toute particulière, à laquelle aucune autre ne conduit. Malheureusement chacun croit, avec de l'intelligence & de l'esprit, s'en tirer mieux que les autres. J'avoue qu'avec de l'esprit & de l'intelligence on est à peu près capable de tout, mais

pour

pour diriger un Spectacle, il faut encore quelque chose de plus.

Il ne me convient pas de suivre les opérations de la seconde compagnie. On ne sait pas quels eussent été ses principes ; on ne peut pas sur-tout en juger par les effets, puisque c'est presque à son entrée qu'a commencé pour ce Théâtre une suite non interrompue de malheurs. Le séjour du roi aux Thuileries, qui paraissait devoir faire la fortune de ce Spectacle, fut l'époque de son désastre. Loin que le voisinage de la Cour augmentât les recettes, comme on devait s'y attendre, des raisons politiques, qu'il est inutile d'expliquer, les firent baisser sensiblement. Peu de jours après, d'autres raisons firent trouver de l'inconvenance à ce que le Roi eût dans son Palais une salle publique ; il fallut se résoudre à la quitter. Je ne rapporterai pas toutes les démarches que l'on fit pour s'en procurer une autre. Le public a paru croire que les entrepreneurs n'en avaient fait aucune, parce qu'aucune n'avait réussi. Mais on ne sait pas combien de contrariétés ils ont éprouvées. Aucun des emplacemens qu'ils demandaient pour bâtir une salle nouvelle ne put leur être accordé. Prêts à conclure pour la nouvelle salle du Palais Royal, la réunion avec le Théâtre Italien leur fut proposée par M. le Maire qui leur témoigna son vœu de suspendre toute autre négociation jufqu'à ce que cette première affaire fût décidée. La réunion ne put s'effectuer, & l'affaire de la falle fut manquée. D'autres obftacles s'opposèrent de même à leur établiffement fur d'autres terrains, qu'ils ne demandaient plus à titre d'indemnité, mais qu'ils voulaient acquérir de leurs propres deniers. C'eft ainfi qu'ils ne purent conclure ni pour l'hôtel de Maffiac, ni pour le terrain des filles Saint-Thomas, ni pour la place Vendôme, & que, preffés par des ordres fupérieurs, après avoir perdu un temps précieux en vaines démarches & en efpérances abufées, ils furent forcés d'aller s'enterrer à la foire Saint-Germain.

Pouvait-on, pendant ces momens de trouble, s'occuper efficacement des détails intérieurs ? Pouvait-on fonger à remonter en Acteurs & en pièces l'Opéra Français qui en avait fi grand befoin ? ce n'eft pas le tout que d'avoir des meubles, il faut favoir où les loger. Tout ce qu'on pouvait faire, c'était de laiffer aller les chofes fuivant leur propre impulfion. L'Opéra Italien, d'une conftitution plus vigoureufe & dans une pofition plus favorable, marchait affez bien de lui-même. Mais l'Opéra Français, dans un état de langueur, acheva de perdre ce qui lui reftait de la confiance publique, & tomba peu à peu jufqu'au dernier degré d'aviliffement.

Tant de dégoûts, de traverses, que cette affaire essuyait à la fois, alarmèrent pour les suites les capitalistes qui l'avaient acquise. Ils cherchèrent à la céder, disposés à faire un sacrifice s'il l'eût fallu, plutôt que de compromettre leur fortune; mais ils n'en eurent pas besoin, & ils n'y perdirent rien. Divers acquéreurs se présentèrent; le même titulaire de qui ils l'avaient reçue fut préféré. Les autres actionnaires, qui n'avaient pas encore effectué leurs fonds & qui ne se souciaient pas de se rengager dans la nouvelle affaire, eurent la permission de se retirer en renonçant à leur intérêt. Le titulaire, & un autre membre de la compagnie, distingué par ses talens & ses connaissances en musique, plus confians dans les ressources de ce Spectacle, se chargèrent seuls de ce fardeau qui repose maintenant sur eux. (1) Toujours dans le même état de détresse, toujours contrarié par la Municipalité qui n'a osé prendre sur elle ni d'accorder à ce Théâtre un emplacement, ni même de prononcer sur son existence, il est impossible de prévoir ce que deviendra cet établissement.

Il n'est pas plus facile de juger les opérations

---

(1) Il y a encore deux autres personnes dans cette entreprise; mais comme elles ne s'y sont liées que conditionnellement, on ne peut pas les regarder comme faisant partie de la société. A l'égard de la Salle, voyez l: *Supplément.*

actuelles. A quelques disgrâces près, qu'il faut moins attribuer aux circonstances qu'à l'influence trop étendue accordée aux Acteurs, la Troupe Italienne continue de jouir de la faveur la plus grande; mais les incommodités du local empêchent que les recettes ne soient proportionnées aux besoins & à l'estime publique. Pour les deux Troupes Françaises, on avait voulu d'abord y renoncer; mais en considérant qu'un assez grand nombre d'engagemens pour plusieurs années & qu'il aurait fallu rembourser en entier, auraient exigé sur le moment un sacrifice trop pénible, on prit un autre parti, le seul convenable peut-être dans une situation si fâcheuse, c'est de traiter ces deux Troupes sur le pied des petits Spectacles; de les dépouiller aux yeux du public de toutes les prétentions qu'elles avaient annoncées d'abord; de leur donner, en un mot, si peu de consistance que le public s'abstînt de toute rigueur à leur égard; on les a traitées comme un homme malade d'une fièvre ardente : on le saigne jusqu'au blanc, on le prive de toutes ses forces, pour diminuer en même temps la violence de son mal.

Cet expédient a tellement réussi, que toutes les nouveautés Françaises, données maintenant à ce Théâtre, y sont jugées avec le désintéressement le plus complet. Le public, qui a désespéré de ce genre, n'y porte plus un œil de critique. Il a ceſſé de ſe révolter contre ce qu'il trouve de mal : il y compte. S'il trouve quelque choſe de bien, il s'en étonne, l'applaudit & s'en amuſe de bonne foi. Une pareille diſpoſition ne produit pas de véritables ſuccès, mais elle garantit des chûtes, & dans les circonſtances préſentes c'eſt un avantage réel. Il laiſſe les moyens, ſi jamais ce Spectacle ſe rétablit dans un local plus heureux, ou de relever le genre Français d'une manière brillante par une ſorte de création nouvelle, ou de l'abandonner ſans cauſer le moindre regret.

Il n'eſt pas douteux cependant que, ſans cette ſuite continuelle de diſgraces, ce n'eſt pas là le parti qu'on eût pris. Les actionnaires, ſans doute, convaincus des principes que nous avons établis plus haut, auraient ſenti l'indiſpenſable néceſſité de regarder l'Opéra Français comme la baſe de leur Spectacle, comme le genre qui, pour me ſervir d'une expreſſion populaire, doit en être le père nourricier. Ils auraient calculé ce que doit coûter l'Opéra Italien ſeul ; ils auraient vu que, ne pouvant jouer que trois ou quatre fois la ſemaine, les frais de ſalle, d'intérêt d'argent, de régie, de poſtes, de gagiſtes ; que les charges & les redevances ſont les mêmes pour une ou pour deux Troupes. A ce tableau de dépenſe, ils auraient oppoſé celui des recettes qu'ils auraient eu la prudence de ne pas évaluer d'après des espérances chimériques, mais qu'ils auraient comparées aux jours les plus brillans de l'entreprise : & ils auraient vu que le nombre des amateurs de l'Opéra Italien étant borné, ne peut jamais produire des recettes assez fortes pour balancer la dépense. Ils n'auraient pas négligé cette réflexion, que le prix des loges à l'année pour 200 représentations, à quatre fois la semaine, ne peut pas être le même que pour 350 en jouant tous les jours ; (1) ce qui fait encore une diminution de recette. Toutes ces considérations auraient nécessairement ramené toute leur attention sur l'Opéra Français.

Ceux qui aiment véritablement la musique, mais sans enthousiasme exclusif, sans affecter le ton de connaisseur, sans la manie de n'admirer que ce qui est étranger ; ceux qui aiment mieux entendre chanter moins bien, pourvu qu'ils entendent ce qu'on chante, qui ne vont pas au Spectacle pour le seul plaisir de l'oreille ; qui veulent encore qu'on occupe un peu leur esprit ; ceux qui, par une délicatesse patriotique s'inté-

---

(1) L'ancien nombre de représentations était de trois cent vingt-quatre ; mais si les Spectacles ne sont plus fermés comme ci-devant la semaine de la Passion, les fêtes de Vierge & autres, ce sera vingt-six représentations de plus.

ressent aux progrès de l'art de la musique en France, qui ne voulaient y voir établir les ouvrages & les Chanteurs Italiens, que pour servir de modèles, d'objets d'étude & de comparaison aux Compositeurs & aux Chanteurs Français; tous ceux-là ne peuvent s'empêcher de déplorer amèrement l'état d'abjection où l'Opéra Français est réduit à ce Théâtre, sur-tout en voyant combien il y avait peu à faire pour le relever. Ils considèrent que cette Troupe, peut-être trop exaltée d'abord, mais à coup sûr trop décriée ensuite, réunit plusieurs sujets d'un mérite réel; plusieurs qui, par les dispositions les plus heureuses, une grande facilité d'organes, & une louable ambition, faisaient espérer beaucoup de talent; ils pensent qu'il ne leur manquait que d'être mieux secondés par les autres; que d'être délivrés de ceux dont la seule présence suffit pour gâter la meilleure exécution; que d'acquérir cet à-plomb que donne l'habitude de jouer ensemble, & surtout que d'avoir des ouvrages mieux choisis, plus propres à développer leurs talens & à leur concilier l'attention, les suffrages & la bienveillance du public.

Ces mêmes amateurs avaient fondé sur la Troupe Française du Théâtre de *Monsieur*, l'espérance d'un second Théâtre lyrique, rival du Théâtre Italien, & même de celui de l'Opéra, comme on en désire un pour rivaliser avec le Théâtre Français. Le Public, les Poëtes, les Musiciens, & l'Art sur-tout gagneraient infiniment à cette concurrence. Loin qu'elle nuisît aux deux Théâtres eux-mêmes, elle ne servirait qu'à les faire valoir mutuellement. Il faudrait donc, pour que le Théâtre de *Monsieur* pût y prétendre, que les entrepreneurs actuels redoublassent de soins pour réformer & ranimer leur Opéra Français ; qu'ils encourageassent sur tout les Auteurs par des conditions plus avantageuses ; car dans un genre, qui par lui-même offre assez peu de gloire, il faut bien employer au moins le véhicule de l'intérêt. Les recettes actuelles ne produisent pas un partage bien séduisant pour les Auteurs, & si l'on n'a pas quelque puissant attrait pour les exciter, on n'aura jamais dans ce genre que le rebut des autres Théâtres.

J'avoue que le moment présent n'est pas favorable pour des changemens de ce genre ; mais la situation douloureuse & précaire de cette entreprise, est trop intolérable pour pouvoir durer long-temps. Voici nécessairement à quoi elle doit aboutir : ou ce Spectacle doit succomber sous le poids de ses infortunes accumulées & être entièrement détruit, ou les Actionnaires tâcheront de sauver au moins l'Opéra Italien du naufrage, & l'iront établir ailleurs en renonçant au genre Français, ou enfin transfplantés dans un local plus heureux, & à portée de faire valoir toutes leurs reffources, ils tâcheront de rendre le plus grand éclat à l'un & à l'autre genre.

Réfumons-nous, & voyons quel eft le meilleur parti à tirer de ces trois cas différens. Dans le dernier, celui où ce Spectacle fe rétablirait fous peu de temps en fon entier dans une nouvelle falle, toutes les efpérances font remplies. On conferve l'Opéra Italien paffionnément chéri par un certain nombre d'amateurs, & au moins utile au jugement même des autres. L'Opéra Français réhabilité par toutes fortes de moyens, dont j'ai indiqué une partie, foutiendrait avantageufement la rivalité que l'on défire, il ferait donc inutile de la chercher ailleurs.

Dans le fecond cas, celui ou l'Opéra Italien ferait établi feul dans une nouvelle falle, j'infifterais pour qu'un nouveau Théâtre fît l'entreprife de l'Opéra Français, & que femblable à ceux des grandes villes de province, on y jouât les pièces du Théâtre Italien & celles du grand Opéra.

Comment, me dira-t-on, ces deux Théâtres fe foutiennent à peine, quoiqu'ils foient feuls de leur genre; dans l'état de défertion où fe trouve la Capitale, défertion qui doit peut-être augmenter encore, elle contient déja trop peu de fpectateurs pour remplir ces deux Théâtres, & vous voulez leur en oppoſer un de plus? Quand le public les abandonne & qu'ils en ſont aux expédiens pour le ramener, vous voulez leur enlever le peu d'affidés qui leur reſte? vous voulez donc leur ruine totale?

Je veux leur bonheur. Je ne crois point que la diſette de ſpectateurs, commune à tous les Théâtres, provienne uniquement de la diminution des habitans de Paris; elle vient plutôt de ce que tous les eſprits, détournés de la culture des arts & portés vers un autre objet, ont perdu pour un temps le goût des Spectacles. Il faut le leur rendre en les multipliant. Laiſſez paſſer cette année; la Municipalité organiſée ayant fixé à chaque Citoyen ſes devoirs, le plus grand nombre ne ſe croira plus obligé de donner aux affaires du Gouvernement une attention immédiate. Les Aſſemblées des Communes & celles des Diſtricts n'ayant plus qu'une route tracée à ſuivre, n'ayant plus rien à créer, offriront moins d'attraits à la curioſité des Citoyens & ſeront moins ſuivies. Cette ferveur patriotique, ſi néceſſaire dans les premiers momens, qui anime encore notre armée nationale, doit diminuer en même proportion que nos dangers, & laiſſer à notre jeune milice plus de repos & de loiſir. Une fois bien inſtruits, bien diſciplinés, les Citoyens donneront à des plaiſirs décens, un temps que leur noble patriotiſme consacrait à l'étude des armes. Laissez passer une année, les affaires s'arrangeront, & le calme parfaitement rétabli, ramènera les fugitifs & les étrangers. Le luxe se soutient encore dans les classes opulentes; le peuple seul est dans la misère; l'état mitoyen souffre, mais cette crise ne saurait durer. Les grandes fortunes détruites ou considérablement diminuées, établiront ce niveau désirable qui fait la prospérité des villes. Ce n'est pas lorsque tout est d'un côté & rien de l'autre, que le peuple peut être heureux. Les Spectacles gagneront à cette diminution du luxe, puisqu'ils sont eux-mêmes le luxe le moins dispendieux & le mieux entendu. Je conçois qu'on pourra perdre quelques loges à l'année, mais cet avantage aristocratique n'est pas regrettable pour l'état mitoyen, qui souvent manquoit de places au Spectacle, tandis que le riche insolent, blasé sur des plaisirs trop innocens, laissait sa loge vide, ou la faisait remplir par ses valets.

Les loges à l'année sont aussi nuisibles au public qu'utiles aux Comédiens dont elles favorisent la paresse en assurant leur existence contre tous les événemens. Quand le produit des loges à l'année a bien assuré les frais, on devient plus indifférent sur les recettes de la porte. On a pu remarquer que la décadence du goût, l'affaiblissement des talens, la négligence des Acteurs, remonte juste à l'établissement des loges à l'année. Quand il y en aura beaucoup de vacantes, les bons Acteurs paraitront plus souvent, ils donneront de meilleures Pièces afin de les remplir s'ils le peuvent à chaque représentation. Le nouveau Théâtre que je propose, non pas d'établir, mais de conserver, les tiendra encore plus alertes; en un mot, les mêmes raisonnemens qui font désirer un rival au Théâtre Français, doivent en faire adopter un autre pour le Théâtre Italien & le grand Opéra.

Si le Théâtre de *Monsieur* y renonce, il faudra donc l'élever ailleurs. Cette idée est celle des Commissaires de la Commune nommés pour l'organisation des Spectacles, & qu'ils ont exposée dans leur rapport. Il est vrai qu'ils n'en veulent faire qu'un petit Théâtre pour le peuple, mais si, comme je le crois, il est véritablement utile, de petit qu'on l'aura fait il deviendra bientôt grand. J'examinerai plus loin par qui, de quelle manière & en quel lieu cette entreprise peut être formée. J'en reviens à ma première hypothèse sur le Théâtre de *Monsieur*.

Dans le cas (que je ne suppose qu'avec douleur) où sa position actuelle trop prolongée aurait épuisé tous ses moyens, où la difficulté des circonstances empêcherait les nouveaux actionnaires de trouver un terrain favorable, & les secours nécessaires pour y faire bâtir; dans le cas enfin où l'entreprise serait ruinée de fond en comble, sans qu'aucune autre compagnie se fût présentée pour prévenir sa chûte; ne serait-il pas injuste & cruel de l'abandonner au milieu de ces débris? Faudrait-il qu'après avoir perdu en entier des premières avances aussi considérables, la compagnie se trouvât encore grevée de tout le poids des engagemens qu'elle a contractés? ou s'il lui devenait impossible d'y satisfaire, faudrait-il que des Acteurs qui ont traité de bonne foi, se vissent privés d'un juste salaire, & sans emploi pour toute une année? Conviendrait-il que des Etrangers s'en retournassent dans leur patrie avec cette idée humiliante pour nous, que l'on ne tient pas ses engagemens en France? Faudrait-il même, indépendamment de cette considération, renoncer à l'Opéra Italien au plus fort de son succès? Non sans doute: rien de tout cela n'arriverait; mais le parti qu'on prendrait à cet égard, ne serait pas une chose indifférente.

J'ai déja fait voir que la Troupe Italienne, au prix où elle se trouve montée, ne peut guère se soutenir seule sur un Théâtre isolé. Il faudrait donc l'attacher à un autre déja existant, mais auquel conviendrait-elle? On a déja tenté deux fois cette entreprise sur celui de l'Académie royale de Musique, elle n'y a jamais réussi. La différence trop considérable des genres qui produisait une disparate sensible; la grandeur du Théâtre à laquelle semble attachée une idée certaine de magnificence, qui contraste avec le ton burlesque de l'Opéra Bouffon; la grandeur même de la salle qui paraît vide lorsqu'elle ne contient que les partisans affidés, & qui discrédite ainsi le genre en lui donnant l'apparence de l'abandon; toutes ces causes ont peut-être plus nui qu'aucune autre à ce Spectacle établi sur le Théâtre de l'Opéra. Il ne faut donc pas songer à l'y replacer.

Il serait mieux sur le Théâtre de la Comédie Italienne, dont il justifierait au moins le titre; mais par des considérations que j'ai précédemment exposées, & dont les principales sont relatives à l'intérêt des Auteurs Français, les Acteurs de ce Théâtre n'en devraient pas faire une entreprise perpétuelle. Ils pourraient consacrer à l'Opéra Bouffon Italien, trois ou quatre mois de l'année: non pas en faisant venir la Troupe de Londres, comme ils ont déja été sur le point de le faire; cet expédient était bon pour commencer, mais il ne vaudrait rien aujourd'hui. Le Théâtre de Londres réunit l'Opéra sérieux Italien & l'Opéra Bouffon. La première Troupe est la plus soignée, la seconde n'offre guères que deux ou trois sujets de mérite; le reste est ordinairement fort mauvais. L'entreprise du Théâtre de *Monsieur*, en raſſemblant un grand nombre de premiers talens, a rendu le public difficile ; il réprouverait une Troupe inférieure à celle qu'il a. D'ailleurs c'eſt cette troupe même dont il s'agit de tenir les engagemens. Ceux qui en ont de deux années ne demanderaient pas mieux que de les rompre, pourvu qu'ils euſſent le temps d'écrire en Italie pour en contracter de nouveaux. Ceux qui cependant tiendraient à l'accompliſſement des leurs, en feraient les maîtres ; ils ſe trouveraient tout engagés pour la ſaiſon ſuivante, & l'entrepriſe n'en ferait pas pour cela plus prolongée que la durée d'une ſaiſon.

Le temps le plus favorable pour engager des Acteurs Italiens, eſt depuis le premier mars, époque du Carême, juſqu'au premier octobre, où commencent pour l'Italie les meilleurs engagemens. C'eſt dans ces ſept mois que l'on en pourrait conſacrer trois ou quatre à les avoir à Paris. Comme il y a peu de Spectacle l'été dans les grandes villes d'Italie, les Acteurs y ſont moins occupés ; on les aurait à meilleur compte. Les Acteurs Français prendraient ce temps pour ſe repoſer ou pour faire un fond de nouvelles études, qui leur ſervirait utilement le reſte de l'année.

Les Italiens joueraient quatre fois la ſemaine, & les Français les trois autres jours. Mais pour éviter toute comparaiſon fâcheuſe, on prendrait ce temps pour faire paraître les jeunes sujets que l'on voudrait former, & qui ne joueraient que des Pièces anciennes. Leur inexpérience qui aurait besoin d'être encouragée, leur obtiendrait l'indulgence du public. On n'aurait pas la rigueur de les comparer à leurs maîtres, & eux-mêmes n'auraient pas la prétention de les égaler ; mais dociles, au contraire, aux leçons qu'ils recevraient chaque jour, on les verrait faire des progrès sensibles, & le désir d'en juger suffirait pour leur amener des spectateurs.

Au départ des Italiens, les premiers sujets Français reparaitraient avec un nouvel éclat, armés de Pièces nouvelles, & suivis d'une foule de leurs partisans, d'autant plus nombreux qu'ils en auraient été privés pendant quelque temps. Les deux troupes en se montrant ainsi l'une après l'autre, ne courraient pas les dangers d'une lutte que l'on peut trouver inégale, & seraient plus à portée de faire valoir leurs avantages mutuels. On pourrait même faire pour quelques Pièces ce que je viens d'indiquer pour les Acteurs, c'est-à-dire que les Opéras Italiens, dont la musique aurait le plus réussi, & dont les sujets seraient supportables, pourraient être traduits en les réformant, & ajustés sur cette même musique ; ils seraient joués par les Acteurs Français pendant l'absence des Italiens. Si de pareils essais sont encore susceptibles de réussir ;

réuffir; ce n'eft peut-être que par l'éloignement de ceux qui les exécutent dans la langue originale. Privés de leur préfence, le défir de ne pas perdre au moins cette mufique, amènera leurs partifans. Ils aimeront mieux encore l'entendre fur des paroles Françaifes, que de ne plus l'entendre du tout. Les autres, que l'ignorance de la langue en avait abfolument écartés, feront bien aifes de pouvoir à leur tour jouir de cette mufique & d'en apprécier le mérite.

Si cependant cet arrangement, tout avantageux qu'il paraiffe, ne convenait pas aux Acteurs Italiens, trop alarmés de toute efpèce de réunion; fi leurs Auteurs & fur-tout leurs Compofiteurs voyant trop d'inconvénient à cette forte de concurrence, continuaient de les en détourner; comme il ne faut bleffer les intérêts de perfonne, comme il convient que la plus entière liberté foit la bafe de toute convention fociale, il faudrait fonger à un autre parti. D'ailleurs, comme dans le cas que je fuppofe, celui de la fubverfion totale du Théâtre de *Monfieur* (ce qui, malgré fes malheurs n'eft nullement vraifemblable), ce parti ne placerait que les Italiens, & laifferait la Troupe Françaife fans afile, je vais indiquer un moyen qui pourrait fatisfaire tout le monde, fi l'établiffement d'un fecond Théâtre lyrique eft auffi utile que je crois l'avoir démontré.

M

NOUVEAU THÉATRE
AU PALAIS ROYAL.

IL se présente ici plusieurs questions relatives aux droits du Gouvernement sur les Spectacles. 1°. Seront-ils sous l'autorité du Roi & des Ministres, ou dépendront-ils immédiatement de la Municipalité ? 2°. Les Théâtres seront-ils soumis, à de certains égards, au département de la Police, & à d'autres, au département des Etablissemens publics ; ou n'appartiendront-ils qu'à un seul & même département ? 3°. Convient-il de borner les Théâtres quant au nombre, ou en laissera-t-on établir autant qu'il s'en présentera ? 4°. Les Spectacles seront-ils circonscrits quant à leur genre, sans pouvoir empiéter sur celui les uns des autres, ou leur laissera-t-on à cet égard une liberté indéfinie ? La plupart de ces questions ont été débattues aux Assemblées de la Commune, & plusieurs même ont été résolues provisoirement. Ce serait ici le lieu de discuter celles qui sont restées suspendues, afin de fixer les idées sur ces objets ; je m'abstiendrai cependant de prononcer sur aucune, non pas que je sois arrêté par la considération des intérêts que mon opinion pourrait blesser. J'ai traité jusqu'ici librement & sans égard pour personne, toutes celles qui se sont préfentées à moi; mais parce que je n'ai véritablement là-deſſus aucune opinion. Une longue expérience qui a dû me donner quelques lumières ſur l'adminiſtration particulière des Spectacles, ne m'en a pas donné ſur les objets d'adminiſtration générale. Je n'aurais donc ici qu'un ſentiment vague, qui ne ſerait point appuyé ſur la baſe d'une profonde méditation. Je ne ferais donc que répéter ce qu'on a déja dit avec beaucoup plus d'éloquence & de talent dans les Aſſemblées de la Commune. J'aime beaucoup mieux ne rien articuler ſur ces matières que je laiſſe à d'autres le ſoin d'approfondir, & je préſenterai mes idées de manière à s'accorder avec quelque parti qu'on veuille prendre.

L'année dernière, le ſieur Neuville & la demoiſelle Montanſier entrepreneurs du Spectacle de Verſailles, ont acheté au Palais Royal la maiſon occupée par le Théâtre qu'on nomme *des Beaujolais*. Je ne ſais quel était leur projet lorſqu'ils firent cette acquiſition; mais au mois d'octobre, le ſéjour du Roi & de la Cour tranſporté à Paris ayant rendu la ville de Verſailles preſque déſerte, le Théâtre qu'ils y exploitaient dut néceſſairement s'en reſſentir, & être à peu près ruiné. Pour s'en dédommager, ils imaginèrent de tirer parti de leur propriété nouvelle, & d'y établir leur troupe à la place *des Beaujolais*, auxquels ils donnèrent congé. Ceux-ci, expulsés au mois de janvier, sont allés s'établir sur le Boulevard, à la grande satisfaction des habitans du Marais. La D^{lle}. Montansier & Compagnie, pour remplir les formes encore existantes, sollicita auprès de la Mairie, & obtint la permission d'élever son Spectacle dans sa maison du Palais Royal : en conséquence de cette permission, sa Compagnie fit les dépenses nécessaires, & leur Théâtre est en effet ouvert aujourd'hui.

Dans cet intervalle, sur quelques réclamations, soit des autres Théâtres encore imbus du régime exclusif, soit des départemens de la Municipalité, la permission accordée précédemment fut révoquée. La Compagnie qui s'était fondée sur la première parole, fit valoir hautement ses droits, & invoqua la protection des Districts; l'affaire fut portée à la Commune avec les autres questions relatives à l'organisation future des Spectacles. Comme on a paru y décider en général que la Municipalité actuelle, n'étant que provisoire, ne pouvait prendre sur des objets de cette importance aucun arrêté définitif, la nouvelle Compagnie s'est prévalue de cette indécision ; elle a cru, d'après les grands principes de la liberté que tout ce qui n'était pas formellement défendu, par cela seul devait être permis, & qu'elle pouvait en toute sûreté continuer, au moins provisoirement, son entreprise.

D'après ce que j'ai dit plus haut, je ne résoudrai donc pas la question si la permission de jouer, accordée d'abord à cette Compagnie & retirée ensuite, doit être regardée comme bonne & valable; je ne ferai pas valoir non plus les considérations qu'elle a mises en avant, savoir les dépenses qu'elle a faites; car dans des dispositions générales, les intérêts particuliers ne sauraient être consultés, & si l'on avait égard au dommage que pourrait faire à cette société le refus de la permission, il faudrait de même avoir égard au tort que leur établissement pourrait faire à d'autres. Je partirai seulement du fait : si ce Spectacle existe, quelle sera sa forme, & par quels moyens pourra-t-on en tirer avantage?

Si, comme il est naturel de l'espérer, le Théâtre de *Monsieur*, soit avec l'autorisation de la Municipalité, soit par le seul effet de son silence, parvient à bâtir à l'instant dans un local favorable une nouvelle salle où il conserve l'Opéra Italien, & relève l'Opéra Français avec assez d'éclat pour le rendre rival de la Comédie Italienne; alors le Spectacle de la Compagnie du Palais Royal devient inutile au système général. Ce ne sera qu'un Théâtre de plus dans le genre des autres, qui n'ayant aucun mérite particulier n'aura peut-être pas la force de soutenir la concurrence avec ceux qui ont sur lui l'antériorité. Il se ruinera par son inutilité même, & sa position au Palais Royal ne suffira pas pour le soutenir; car il est de fait que les *Beaujolais* n'y faisaient pas fortune, & qu'ils réussissent beaucoup plus aux Boulevards. Ce sera donc alors si l'on veut un des petits Spectacles que l'on se propose d'établir pour le peuple, ou ce ne sera rien du tout, il ne m'importe pas. Mais si le Théâtre de *Monsieur* en s'établissant ailleurs paraissait vouloir renoncer à l'Opéra Français, alors le nouveau Théâtre du Palais Royal prendrait une toute autre importance, & l'on en pourrait tirer un grand parti.

Cette Compagnie peut jouer la Comédie & l'Opéra Comique, notamment des ouvrages en musique Italienne & parodiés en Français. Je ne crois pas que la Comédie lui soit fort utile. Toutes les fois que ce genre n'est qu'accessoire à un Théâtre, il est absolument nul. Pour rivaliser avec le Théâtre Français, il faut en faire son objet principal, & ne le présenter qu'avec grandeur & noblesse. Il est entièrement incompatible avec les ouvrages de chant, qui avec beaucoup de mérite de moins, ont toujours un charme de plus, & finissent nécessairement par l'écraser. C'est donc aux Pièces en musique que le Compagnie doit donner son attention particulière.

Elle pourrait, dans le cas que je suppose, s'arranger avec celle du Théâtre de *Monsieur*, se charger des engagemens de plufieurs fujets dont les talens méritent d'être confervés, & en y joignant ceux qu'elle a déja raffemblés & qu'elle a fans doute choifis avec foin, il n'eft pas douteux qu'elle ne formât une Troupe excellente, digne de rivalifer avec celle du Théâtre Italien. Pour établir cette rivalité comme celle du Théâtre Français, il faudrait que la feconde Troupe lyrique fût également autorifée à jouer les mêmes ouvrages que la première, fauf à en obtenir la permiffion des Auteurs, en prenant avec eux à l'égard des honoraires les arrangemens dont on conviendrait.

Cette permiffion de la part des Auteurs donnerait lieu à une queftion nouvelle, mais dans laquelle je ne veux pas entrer. La pluralité des gens de lettres affemblés en Comité a jugé qu'il était indifpenfable de l'obtenir; à Londres, au contraire, où il y a deux Théâtres rivaux, dès qu'une Pièce, repréfentée à l'un, eft imprimée, l'autre a droit de s'en emparer en payant, à ce que je crois, une certaine redevance à l'Auteur, mais fans avoir befoin de fon confentement. Jufqu'ici en France, lorfqu'une Pièce était jouée à un Théâtre, elle lui demeurait en propre, fans que l'Auteur même eût la faculté d'en difpofer en faveur d'un autre, mais dès qu'elle était imprimée, tous les Théâtres de Province la jouaient, & l'Auteur ne pouvait ni les en empêcher, ni leur rien demander.

Quoi qu'il en soit du parti que l'on doit prendre, à cet égard, il est probable que si le consentement des Auteurs est jugé nécessaire, ils le donneront facilement; ils sentiront l'avantage qui en résulte pour eux, & les Compositeurs & Poëtes lyriques raisonneront sans doute d'après les mêmes principes que les Auteurs du Théâtre Français.

J'ai dit plus haut que le second Théâtre lyrique devait jouer aussi les ouvrages du grand Opéra. Cette proposition a peut-être déja paru très-ridicule. Tandis que ce Spectacle accablé sous l'énormité des frais qui forment son essence, ne peut se soutenir lui-même malgré les secours étrangers qu'il reçoit de toutes parts, & malgré les subventions que lui accorde le Gouvernement, vous demandez, me dira-t-on, qu'une Compagnie naissante, qui n'a pas encore de consistance assurée vienne lutter contre lui avec des moyens aussi disproportionnés! Vous voulez donc la prompte destruction de l'un & de l'autre? ou plutôt la Compagnie n'aura pas même la force de porter les premiers coups.

Eh! pourquoi s'effaroucher d'une proposition extrêmement simple avant de l'avoir examinée? celle-ci ne semble révoltante que par l'habitude où l'on est d'attacher à l'Opéra une idée de luxe & de magnificence qu'on en croit inséparable. Au seul titre d'Opéra on se figure tout de suite des Chœurs nombreux, de grands Ballets composés d'une foule de Danseurs vêtus superbement, des habits riches & dispendieux, des décorations brillantes & multipliées. Tout cela sans doute doit se réunir au Théâtre lyrique National pour en faire un Spectacle imposant, digne des regards de l'Europe & d'une Nation opulente. Mais ne concevez-vous pas que les pièces de l'Opéra, que les Drames lyriques qu'on y représente puissent plaire encore sans tout cet attirail? Qu'est-ce aujourd'hui qu'un Opéra? c'est une action tragique ou comique, ou d'un genre intermédiaire, exprimée en vers & chantée d'un bout à l'autre; tout le reste est accessoire, & vous auriez une bien mauvaise opinion de ce genre, si vous pensiez que ces accessoires fussent la principale cause du plaisir qu'il doit procurer. Gluck qui en a le premier senti les vrais principes, & à qui ce Spectacle doit des réformes si heureuses, le considérait sous un point de vue bien différent. Il évitait autant qu'il lui était possible les Ballets qui rallentissent l'action, & partagent l'attention du spectateur qu'il voulait fixer sur le seul intérêt de la scène.

Les Pièces de l'Opéra, comme celles du Théâtre Français, doivent plaire par elles-mêmes. Toutes les fois que l'action en sera intéressante, les vers bien tournés & la musique bonne, si l'ouvrage est d'ailleurs fort bien exécuté de la part des Chanteurs & de l'orcheftre, il fera toujours grand plaifir; on pourra fe paffer de Ballets qui ne peuvent plaire que quand ils font excellens, & qui ne peuvent être excellens que fur le grand Théâtre lyrique; dix ou douze perfonnes bien choifies fuffifent pour les chœurs. L'expérience a prouvé plus d'une fois que les chœurs exécutés par les Acteurs eux-mêmes, en font beaucoup plus d'effet. Pour les habits, une feule chofe eft néceffaire, c'eft la févérité du coftume. Quant aux décorations, depuis que l'Opéra n'a plus de Pièces à machines, il n'exige que des fites ordinaires, communs à tous les Théâtres, & qui ne font pas d'un grand prix.

On joue l'Opéra dans les grandes villes de province, comme Lyon, Bordeaux, Marfeille, &c. Croit-on que ce Spectacle y foit ruineux comme à Paris? cela était vrai autrefois, lorfque tout le mérite de ce genre confiftait dans les danfes & les machines. Mais aujourd'hui une repréfentation de *Didon* ou d'*Alcefte*, n'eft pas plus coûteufe que celle d'*Œdipe* chez Admète, ou de *Richard cœur-de-Lion*.

Mais, dira-t-on, vous convenez au moins que les ouvrages de ce genre doivent être parfaitement exécutés. Aurez-vous un orcheftre comparable à celui de l'Académie royale de Mufique? Et les Chanteurs de province, dont il faudra bien composer votre Troupe nouvelle, vaudront-ils jamais les Chanteurs de l'Opéra de Paris ?

Je rends à l'orchestre de l'Opéra la justice qui lui est due : je conviens qu'il est excellent. Mais Paris renferme un grand nombre d'instrumentistes du premier mérite qui ne sont attachés à aucun Spectacle, & avec lesquels il serait encore facile de former un très-bon orchestre. J'en donnerai pour preuve celui du Théâtre de *Monsieur.* Je conviens encore qu'on trouve de grands talens parmi les Chanteurs de l'Opéra de Paris, mais la méthode générale de ce Théâtre ne me paraît pas aussi bonne. La manière sur-tout dont on y dit le récitatif; ces hocquets perpétuels avec lesquels on y lance chaque syllabe, me paraissent un défaut qui défigure l'ensemble du chant, & qui nuit même à ceux qui ont su s'en garantir. Le public qui s'y est habitué n'y prend pas autrement garde; mais s'il arrivait une Troupe composée de voix jeunes & fraîches qui, entre autres, fût exempte de ce défaut, croyez-vous que cette seule différence ne lui serait pas favorable, & ne lui tiendrait pas lieu de quelques perfections qui lui manqueraient?

D'ailleurs pourquoi penseriez-vous qu'une troupe de Chanteurs de province dût être nécessairement mauvaise? parce qu'elle chanterait l'Opéra Comique? Mais notre Opéra Comique Français (non pas l'Opéra Italien) exige tout autant d'art que l'Opéra férieux. La plupart de nos Chanteurs de province ont joué la Comédie & même la Tragédie, par conféquent il eft affez ordinaire qu'ils foient meilleurs Acteurs que ceux qui n'ont étudié que le chant; à la manière dont nous avons conçu le Théâtre lyrique, le mérite d'Acteur eft prefque préférable à celui de Chanteur.

En un mot, & pour répondre au rapport des Commiffaires de la Commune, il ne s'agit pas de former un fecond Théâtre d'Opéra égal en tout au premier, mais d'effayer quelquefois des ouvrages du même genre, & de mettre en oppofition les mêmes Pièces, lorfque les Acteurs de la Troupe Comique fe fentiraient la force de foutenir la comparaifon. Si ces premiers effais ne réuffiffaient pas, on ferait toujours maître d'y renoncer, car ce n'eft pas une condition effentielle; c'eft avec la Troupe du Théâtre Italien que ce fecond Théâtre doit particulièrement rivalifer. Ce ferait le principal objet de la nouvelle Compagnie du Palais Royal, en fuppofant toujours que celle du Théâtre de *Monfieur* y renonce.

Enfin, fi des malheurs conftans continuaient de pourfuivre cette dernière Compagnie, s'il lui devenait impoffible de bâtir ailleurs; fi elle fe voyait contrainte de fe diffoudre, fans qu'il s'en préfentât aucune autre pour tenir fes engagemens; fi par les raifons expofées plus haut, la Comédie Italienne refufait de fe charger de l'Opéra Italien, c'eft encore à la Compagnie du Palais Royal qu'il conviendrait de le donner. Cela ferait même d'autant plus jufte que le fieur Neuville & la demoifelle Montanfier, par un arrangement dont j'ai déja parlé, ont une penfion réverfible fur la tête l'un de l'autre, attachée à la durée de ce Spectacle, & que fi fon exiftence venait à être détruite, ils auraient droit à cette forte de dédommagement. De cette manière, la Compagnie du Palais Royal fuccéderait dans tous les points & dans toutes les formes à celle du Théâtre de *Monfieur*.

Cet arrangement paraît fans contredit le meilleur de tous. Cependant il en eft encore un autre qui ne laifferait pas que d'avoir fes avantages. Au commencement de cet écrit, j'ai parlé de l'Ecole royale de Chant. J'en ai démontré les vices effentiels, dont le principal eft qu'elle eft à charge au tréfor public; qu'elle coûte beaucoup & qu'elle produit peu; il s'enfuit qu'elle doit être détruite. Mais l'utilité d'une Ecole Françaife pour le Chant n'en eft pas moins reconnue; il s'agirait donc de la rétablir fur d'autres bafes, & l'Opéra Italien pourrait en fournir les moyens. Je les indiquerai ici d'une manière fommaire.

Je propoferais donc de faire de l'Opéra Italien,

non plus un Spectacle public, où l'on paye à la poste, mais une association par abonnement, tellement combinée cependant, que les amateurs peu fortunés qui ne seraient pas en état d'y avoir une loge, pussent y avoir une entrée individuelle qui ne leur couterait pas plus cher que le prix actuel d'une place par semaine au Théâtre de *Monsieur*.

J'ai lieu de croire que ce Spectacle, qui n'est véritablement pas à la portée du vulgaire, ainsi retiré de la Classe commune, & réservé aux seuls amateurs passionnés, réussirait beaucoup davantage. Je suis convaincu qu'il ne laisse pas que d'entrer de la vanité dans le goût que l'on affiche pour ce genre; on en mettrait à se ranger au nombre de ses protecteurs, & cette jouissance devenue privilégiée, sans l'être d'une manière odieuse, pourrait flatter de certaines gens qui regrettent encore les priviléges détruits.

Qu'on ne s'effraye pas au reste de ce mot de Privilége; qu'on ne croye pas que la liberté en serait lésée. On serait toujours le maître de suivre ce Spectacle en y prenant un abonnement, & ceux même qui ne voudraient pas en faire la dépense auraient encore la ressource d'y entrer par leurs amis.

Si donc on parvenait plus aisément par ce moyen que dans l'état actuel, à soutenir l'Opéra Bouffon Italien dégagé de tout autre genre, on pourrait en confacrer le bénéfice à rétablir une Ecole de Chant dans les mêmes principes & fur les mêmes errémens que les confervatoires de Naples, c'eſt-à-dire, avec auſſi peu de frais, & de manière à en retirer la même utilité. Ces deux avantages la rendraient infiniment préférable à celle qui exiſte aujourd'hui, mal conçue, mal calculée, mal ordonnée, & qui même en produifant tout le bien qu'on en efpérait, n'aurait jamais produit en raifon de ce qu'elle aurait coûté.

Je n'entrerai pas ici dans les détails de la forme que devrait avoir cette nouvelle Ecole, ni des moyens de l'attacher à l'Opéra Italien. J'ai déja publié quelques idées fur cet objet, & je les développerais davantage, fi la Municipalité paraiſſait difpofée à faire ufage de ce parti. Je préviendrai feulement une objection.

J'ai dit que je ne croyais pas l'Opéra Bouffon Italien fufceptible de fe foutenir feul à Paris, furtout au taux énorme où font portés les engagemens, & cependant je propofe d'en faire une entreprife particulière, dont je retranche même le cafuel, & j'en efpère affez pour y attacher encore la dépenfe confidérable d'une Ecole!

1°. Je crois toujours que l'Opéra Italien, comme Théâtre ordinaire, ne peut fe foutenir ifolé; mais dans la forme projetée il n'en eſt pas de même. Au moyen des abonnemens, les frais font toujours assurés, que la salle soit remplie ou non ; & la salle serait toujours remplie soit par les abonnés eux-mêmes à qui il n'en coûterait pas davantage, soit par leur amis à qui il n'en coûterait rien. 2°. Cette affluence donnerait au Spectacle un air de succès continuel que n'ont point ceux où l'on paye à la porte, car une seule représentation dénuée de spectateurs suffit pour en produire plusieurs autres semblables. Peu à peu le Théâtre se discrédite : on ne va qu'où l'on est sûr de trouver du monde, & l'on fuit de plus en plus les Spectacles à mesure qu'ils paraissent déserts. C'est donc un avantage plutôt qu'un inconvénient que de retrancher le casuel de celui-ci. 3°. Au plaisir que l'Opéra Italien peut faire à ceux qui l'aiment, je joins des jouissances de bienfaisance & de vanité, deux mobiles qui, comme on sait, agissent plus ou moins, mais toujours puissamment sur tous les hommes. J'ai donc raison de compter sur un plus grand nombre de partisans. 4°. Ce ne serait que par nécessité qu'on se chargerait des engagemens actuels ; ceux que l'on contracterait par la suite seraient bien moins considérables, & j'en pourrais démontrer par des faits la possibilité. Je crois bien que pendant la durée de ceux-ci on ne pourrait pas compter sur un gros bénéfice ; mais ils ne sont pas éternels ; les plus longs n'ont pas plus de deux ans de durée ; & il ne serait pas difficile d'engager les Acteurs

à les

à les abréger. Presque tous sont trop excellens, trop avantageusement connus pour être embarrassés de leurs personnes. On n'aurait donc tout au plus qu'une année à les garder tels qu'ils sont. Ce temps servirait à préparer l'établissement sans hasarder encore aucune dépense. Il suffirait donc que cette première année rendît seulement ses frais : les autres ne seraient pas embarrassantes.

Une fois dégagés de l'état actuel des choses, on pourrait songer à former une nouvelle Compagnie moins dispendieuse ; mais il faudrait surtout éviter de la rendre perpétuelle comme celle qui existe aujourd'hui. Cette continuité sera toujours pour ce genre une cause essentielle de destruction. L'Opéra Italien est un ragoût piquant dont on ne doit pas faire sa seule nourriture. Ceux même qui assurent ne pas en aimer d'autre, ne pourraient pas le voir de suite pendant huit jours. Borné à une saison ou tout au plus à deux, mais à une assez grande distance l'une de l'autre, ce Spectacle sera mieux suivi & plus goûté.

Je dois ici quelques conseils sur la manière de former une Compagnie Italienne. C'est d'abord de se défier avec grand soin de ces courtiers, qu'on appelle *Sensali* en Italie, qui s'entremettent avec beaucoup de zèle pour vous procurer des Chanteurs. Attendez-vous à être toujours trompé par les gens de cette espèce. Les Acteurs du Théâtre

Italien ont penſé l'être l'année dernière par une propoſition de ce genre. Ils n'en ont été préſervés que par la timidité qui a toujours caractériſé l'eſprit de leur corps, & qui les a détournés de l'entrepriſe, uniquement parce qu'elle était grande & hardie. L'honnête Agent négociait en même temps avec la Compagnie de Verſailles & avec celle du Théâtre de *Monſieur*, diſpoſé à traiter avec ceux qui ſe montreraient les plus faciles; mais ſon adreſſe fut contreminée & ne réuſſit nulle part.

Si vous voulez former une compagnie, ne vous en rapportez qu'à vous-même. Que l'un de vos intéreſſés, bien au fait des Spectacles, connaiſſant parfaitement le goût de la France, parcoure l'Italie (dont je ſuppoſe qu'il ſait au moins la langue) depuis le mois d'Octobre juſqu'au carême. Qu'il voie Turin, Milan, Rome, Naples, Veniſe, ſans négliger les Théâtres moins importans qu'il trouvera ſur ſa route : qu'il examine, non-ſeulement les ſujets en réputation, mais plus particulièrement encore ceux qui, par des organes flatteurs & des diſpoſitions heureuſes, ſont ſur le point d'en avoir. J'ai déja fait remarquer que la manie de la plupart des Théâtres étrangers de n'engager que des ſujets déja célèbres, fait qu'ils ne connaiſſaient guères les talens que ſur leur déclin, & qu'ils payent fort cher les reſtes d'une jouiſſance, dont l'Italie a eu les prémices à fort bon marché. Les Chanteurs Italiens (si l'on peut me pardonner cette comparaison) ressemblent un peu à nos courtisanes, dont on obtient les faveurs pour peu de chose tant qu'elles sont jeunes & fraîches : une fois qu'elles sont bien passées, bien usées, bien à la mode, on ne peut plus en approcher.

Que le voyageur s'attache donc à connaître sur-tout les jeunes sujets. Que son *Indice de' Spettacoli* à la main, (1) il prenne note de tous ceux qui lui semblent promettre des succès ; avec le même livre il saura toujours où ils ont passé la saison dernière, & aura par conséquent les moyens de les retrouver au besoin. On voit que ce premier voyage servira, non-seulement à former la première compagnie, mais à se dispenser pour long-temps de la nécessité d'en faire un autre. La connaissance générale qu'on aura prise des talens qui peuplent l'Italie & de ceux qui sont prêts à éclorre, fait qu'on pourra toujours compter sur une Troupe excellente ; qu'on n'aura pas besoin d'intermédiaire, & qu'on pourra la renouveler tous les ans avec sûreté.

---

(1) Ouvrage très-utile, & qui s'imprime à Milan. Il contient le détail de tous les Ouvrages dramatiques, représentés chaque année sur tous les Théâtres de l'Europe ; le nom de tous les Acteurs qui y ont joué ou chanté, la liste de tous les Chanteurs connus, des Compositeurs, &c., &c.

Je me suis étendu sur ces détails, parce qu'ils peuvent être utiles à ceux qui tenteraient l'entreprise Italienne, soit qu'on la destine à l'école dont j'ai parlé, soit qu'elle passe au Théâtre improprement appelé Italien, soit que la Compagnie du Palais royal s'en charge, soit enfin (ce qui est bien plus simple encore) qu'elle reste au Théâtre de *Monsieur*; car enfin cette entreprise subsiste encore, elle ne s'annonce pas pour devoir se dissoudre, & les propriétaires sont loin de vouloir l'abandonner. Ils paraissent seulement ne pas tenir à leur Troupe lyrique Française, & il en faut une cependant pour rivaliser avec celle du Théâtre Italien, comme on en demande une pour servir d'émule au Théâtre Français. J'ai déja parlé fort au long de cette dernière, mais je n'ai pas dit encore où il serait convenable de la placer.

DES VARIÉTÉS AMUSANTES,

Nommées aujourd'hui le THÉATRE DU PALAIS ROYAL.

CE Spectacle n'a eu, comme beaucoup d'autres, que des commencemens faibles & obscurs. Un nommé *L'Ecluse*, ancien Acteur de l'Opéra Comique, ayant eu le projet de ressusciter le genre des petits Opéras en Vaudevilles, qui depuis la réunion appartenait à la Comédie Italienne, mais dont elle ne faifait aucun ufage, en demanda le privilége il y a une douzaine d'années. L'Opéra & la Comédie Italienne réunis, en vertu de leurs conventions exclufives, empêchèrent qu'il ne lui fût accordé. Tout ce qu'il put obtenir, ce fut la permiffion d'élever fur le boulevard un petit Théâtre, & d'y jouer des farces dans le goût de celles dont fes voifins avaient déja la poffeffion.

L'Eclufe, dans une entreprife auffi bornée, fit de mauvaifes affaires. Il céda fon privilége, & les nouveaux acquéreurs, foit par plus d'intelligence dans la geftion, foit par plus de foin ou de bonheur dans le choix des Pièces, s'en tirèrent mieux que lui. Une fur-tout, foutenue particulierement par un feul Acteur, eut une vogue fi prodigieufe, électrifa tellement tous les efprits de la Capitale, eut un tel nombre de repréfentations & toujours avec foule, qu'elle peut être regardée comme la première pierre de la grande fortune de ce Spectacle, qui depuis n'a fait que s'accroître de jour en jour. Cette Pièce eft *Jeannot*, ou *les battus payent l'amende*. Bientôt *Jérôme pointu* & toute fa famille, compofant quatre ou cinq Pièces, achevèrent de fixer le concours public. Les Auteurs de ces Pièces merveilleufes font à peine connus, mais leurs ouvrages l'ont été de toute la France, & la première a même eu les honneurs de la traduction. (1) Je n'oserais assurer que ces ouvrages passent à la postérité, mais au moins ils auront bien joui du temps qu'ils ont eu à vivre.

Ce qu'il y a de sûr, c'est que le public qui trouvait à ce Spectacle une liberté dont il ne jouissait point ailleurs, qui pour ses trente sous était fort bien assis au parterre, au lieu d'en payer quarante-huit aux Français, ou d'être écrasé pour vingt-quatre aux Italiens ; qui d'ailleurs y voyait des Pièces gaies, variées, jouées avec naturel & sans prétention, préféra hautement les Variétés aux grands Spectacles, & cette préférence subsiste encore aujourd'hui. Les Comédiens s'en alarmèrent, & sans en deviner la véritable cause, ils l'attribuèrent au seul mérite des ouvrages de leurs rivaux, & remuèrent tout leur crédit pour y mettre ordre.

Je répéterai ici, quoique je croye en avoir dit un mot ailleurs, comment on s'y prenait : on ne saurait trop éclairer le despotisme. Les petits Spectacles ne pouvaient pas jouer une seule Pièce qu'elle n'eût préalablement subi trois censures ;

―――――――――――――――――――――

(1) On assure, mais je n'en suis pas certain, que les *Battus* ont été vendus six louis d'abord, mais qu'en conséquence de leur succès inouï, l'Auteur a reçu depuis une gratification de douze autres louis. Ils peuvent avoir rapporté cinquante mille écus à l'entreprise.

avant la censure ordinaire de la Police, elle était portée à celle d'un Acteur Français, nommé Commissaire *ad hoc*, & ensuite à celle d'un Acteur Italien. Le résultat de ces deux premières censures était assez extraordinaire, car il fallait que l'ouvrage fût déclaré mauvais pour être reçu. Cet usage a duré assez long-temps, & ce n'est point du tout à aucun principe de justice qu'il a dû sa désuétude. Les Comédiens, dont les jugemens ne sont pas toujours infaillibles, compromirent si souvent le leur dans cet examen, qu'ils n'osèrent plus l'aventurer. Tantôt, & le plus souvent, des Pièces qu'ils avaient jugées détestables, n'en réussirent pas moins auprès du public; tantôt ils en arrêtèrent qu'ils trouvaient excellentes & qu'ils voulurent jouer eux-mêmes. Le mépris avec lequel elles furent reçues humilia leur judiciaire, & leur fit sentir le tort qu'ils avaient eu de ne pas consulter assez leur dignité. Trompés ainsi doublement par les succès & par les chûtes, ils laissèrent aller le torrent, & les petits Théâtres eurent comme eux la liberté de jouer des Pièces bonnes & mauvaises.

Le Palais royal venait d'être bâti. Ce lieu fameux, placé au centre de la Capitale, le rendez-vous des Étrangers, de tous les oisifs de Paris, & même de beaucoup de gens d'affaires, ce temple du luxe, & peut-être de quelque chose de plus, devenu pour ainsi dire une petite ville, de simple jardin qu'il était, avait besoin d'être orné d'un Spectacle, depuis qu'un incendie l'avait privé de l'Opéra. Le Sieur Gaillard, Acteur de province, qui avait paru même quelque temps à la Comédie Italienne avec assez de succès, ayant depuis fait plusieurs entreprises, notamment celle du Théâtre de Bordeaux qui lui avait bien réussi, fit l'acquisition des VARIÉTÉS, en s'associant le sieur d'Orfeuille. Leur intelligence, leurs soins réunis, que l'expérience éclairait encore, étaient plus capables d'augmenter la consistance de ce Spectacle que de la diminuer. Sa position heureuse n'y contribua pas moins, & malgré les charges dont il fut grévé, il monta bientôt au plus haut degré où il pouvait atteindre dans l'état d'oppression où les autres Théâtres le tenaient.

L'Assemblée Nationale, en donnant le premier signal de la liberté, réveilla les prétentions des entrepreneurs. L'horison de l'espérance s'aggrandit tout à coup pour eux. Les gens de lettres recommençaient à parler d'un second Théâtre; ils pensèrent que le leur, déja tout monté, jouissant déja de la faveur publique, pouvait prétendre à la rivalité que l'on désirait; il ne s'agissait que de l'épurer, que d'en éloigner peu à peu les anciennes farces, & le meubler d'Acteurs capables de soutenir la comparaison. Leur espoir était d'autant mieux fondé que leur falle actuelle n'était que provifoire, que le temps approchait où ils en allaient avoir une autre, vafte, folide, pompeufement ornée, & ayant un caractère de grandeur qui femblait appeler des ouvrages plus élevés & ne convenir même qu'à eux. Déja ils ont engagé M. Monvel, dont les talens comme Auteur & comme Acteur jouiffent depuis long-temps de la plus grande eftime. Ils ont jeté leur vue fur quelques autres fujets dignes de le feconder. Ils ont fait plus, ils ont effayé avec fuccès des Pièces d'un genre plus noble, qui pouvait les conduire jufqu'à celui où ils veulent s'élever. Plufieurs Auteurs diftingués ont encouragé leurs efforts, échauffé leurs efpérances, & l'on affure qu'ils ont même été fur le point de faire une tentative dont la réuffite aurait décidé cette grande queftion : « fi » un Auteur doit toujours refter propriétaire de » fon ouvrage, & peut le donner à fon choix fur » différens Théâtres, ou s'il eft la propriété de » celui qui l'a joué d'abord ». Les Acteurs du Théâtre Français ont fait, dit-on, entendre leurs réclamations ; ils ont invoqué les actes juridiques qui conftatent leurs droits & leur exiftence, & foit que la Municipalité, encore provifoire, n'ait pas voulu entamer une difcuffion de cette importance, foit que les entrepreneurs eux-mêmes n'aient pas voulu hafarder un procès, qu'un nouvel ordre de choses nécessairement très-prochain peut rendre inutile & décider en leur faveur, l'essai n'a pas eu lieu, & tel est l'état actuel où ce Théâtre se trouve.

Il est bien certain qu'il y a une connexion intime entre la grandeur d'un local & le ton des ouvrages que l'on y représente; il est bien certain que dans la salle nouvelle les anciennes pièces des *Variétés* paraitraient mesquines, ignobles, que le public ne les y souffrirait plus & qu'il y faut renoncer; il est encore bien certain qu'il n'est plus au pouvoir de personne d'empêcher le Théâtre du Palais royal de s'élever, de s'annoblir & de multiplier les Pièces d'un bon genre; mais ce n'est pas assez : on veut une Troupe complettement montée, & celle-ci ne l'est pas encore. On veut que l'on y puisse jouer la Tragédie comme la Comédie, & la Tragédie n'y a pas encore paru. On veut un Théâtre capable de faire la réputation d'un Auteur, ou de soutenir une réputation déja faite, & l'on ne connaît pas jusqu'ici les Auteurs de ce Théâtre, & pas un homme de Lettres distingué, pas même M. Monvel, quoiqu'il en fasse partie, n'y a encore confié ses productions, au moins en les avouant. On veut enfin un Théâtre rival de celui des Français & jouant les mêmes Pièces, & celui-ci n'en a pas encore obtenu, ne s'en est pas encore arrogé le droit. Jusque-là il n'aura jamais de véritable confiftance, & il ne remplira que très-imparfaitement l'objet défiré.

Le moment n'eft pas loin, fans doute, où la Municipalité organifée, fuivant un plan durable, croira devoir s'occuper effentiellement du nombre, de l'efpèce & des droits refpectifs des différens Théâtres de Paris, & réfoudra ce problême ainfi que ceux qui en dépendent. Alors, fi les gens de lettres obtiennent ce qu'ils demandent, conviendra-t-il que ce fecond Théâtre foit établi fur celui du Palais royal? Le premier aperçu femble entraîner l'affirmative. Des entrepreneurs folides, dont la capacité eft depuis long-temps éprouvée & reconnue généralement; une Troupe réuniffant déja plufieurs fujets de mérite, dont les talens font goûtés du public, & qui ont fur tous autres l'avantage d'un fuccès certain; une falle grande, noble, commode, bien fituée, conforme enfin à l'idée que comporte le projet en queftion; tout paraît confirmer qu'il n'y a pas d'autre parti à prendre. Je repréfenterai deux objections cependant, qui me paraiffent dignes de quelque confidération.

1°. Il n'y a point de Théâtres aux Marais. Cette portion de la Capitale, peuplée par des citoyens d'une claffe particulière & d'une fortune aifée, renfermait autrefois dans fon fein ce genre de plaifirs, que fes habitans font obligés de venir chercher maintenant au centre ou à une autre extrémité de Paris. Je ne crois pas que les falles deftinées pour le peuple doivent être placées à fa portée ; comme le Spectacle eft pour lui une grande fête, il en goûte mieux le charme en l'allant chercher un peu loin : trop de facilité en avilirait le prix. Mais il n'en eft pas de même des gens riches qui peuvent aifément fubftituer un plaifir à un autre, & qui négligent bientôt ceux qu'ils n'ont pas fous la main. Il eft bon que le peuple aille rarement au fpectacle ; mais pour les gens dont je parle, ce devrait être leur délaffement habituel. Le Théâtre Français eft trop loin d'eux, auffi ne le fréquentent-ils guère : on les voit bien plus fouvent aux Boulevards, à ces écoles de mauvais goût & de mauvaifes mœurs. Il ferait donc avantageux, il pourrait entrer même dans les combinaifons politiques de la Municipalité d'établir au Marais le fecond Théâtre de Tragédie & Comédie.

2°. Si ce fecond Théâtre était placé au Palais royal dans la nouvelle falle, il eft évident qu'il aurait fur celui du fauxbourg Saint-Germain un trop grand avantage, & il ne ferait pas jufte de l'écrafer. Dans le fait, on n'a point de reproches à faire aux Acteurs du Théâtre Français privativement. Ceux que j'ai allégués, d'après l'opinion publique, portent uniquement fur les vices de l'ancien régime & non pas fur les individus. On peut fe plaindre de ce que leurs droits étaient abufifs, mais non pas de ce qu'ils en ont ufé. Quel eft l'homme qui, ayant en main une grande puiffance, n'eft pas toujours tenté de l'employer fuivant fon intérêt ? Si cette puiffance eft nuifible à d'autres, abattez-la, contrebalancez-la, rien n'eft plus jufte ; mais ne frappez pas d'une entière deftruction ceux qui l'ont exercée, quand il eft certain qu'il n'y a perfonne qui, à leur place, ne fe fût conduit comme eux.

Ce principe de juftice diftributive me force à revenir fur les entrepreneurs des *Variétés*. Si on place le nouveau Théâtre au Marais, à qui en confiera-t-on l'entreprife, & que deviendra celle du Palais royal ? J'ai déja fait voir que cette Troupe contenait les premiers élémens de celle que l'on projette ; que ces entrepreneurs, occupés depuis long-temps de l'efpoir de poffëder ce fecond Théâtre, avaient déja formé des plans favorables à l'exécution de ce projet ; qu'ils avaient d'ailleurs prouvé les qualités les plus néceffaires pour le bien diriger. Il conviendrait donc de les charger de cette entreprife tranfportée au Marais, en leur adjoignant, fi l'on veut, un confeil compofé de gens de lettres.

Mais que fera-t-on de la falle du Palais royal ? fi les Acteurs du grand Opéra, par un amour-propre peut-être mal entendu, n'avaient pas refusé absolument d'être soumis à toute espèce d'autorité ; s'ils avaient consenti à passer sous la direction des Sieurs Gaillard & d'Orfeuille, au lieu de courir la chance très-hasardeuse des bénéfices, ils habiteraient aujourd'hui cette salle, & c'est sans contredit dans ce centre du luxe, que ce Spectacle de luxe serait le mieux placé. Mais enfin ils ne l'ont pas voulu : semblables au loup de la fable, ils ont préféré l'indépendance à tout ; ce sentiment est louable, & ils ne faut contraindre la liberté de personne.

On sait bien que les premiers sujets, dont plusieurs ont su déja s'assurer un sort par différentes entreprises, se tireront toujours d'affaire en profitant de cette liberté pour aller réparer en province les pertes qu'ils pourront éprouver à Paris; mais outre que le service public en souffrira nécessairement, les seconds, les troisièmes sujets, tous les subalternes qui n'ont pas la même ressource se verraient fort à plaindre si l'entreprise continuait d'aller mal. Il y aurait lieu d'appréhender qu'elle ne fût bientôt tout-à-fait renversée, ce qui serait fâcheux pour tous ceux qui la composent, & même pour le public qui a intérêt de la conserver.

Il faut donc chercher à prévenir ce malheur sans blesser ni les sentimens, ni les intérêts de personne. Ce qui serait arrivé si les Sieurs Gaillard

& d'Orfeuille eussent eu l'entreprise de l'Opéra, peut arriver de même en leur confiant celle d'un second Théâtre au Marais, puisque la salle du Palais royal serait également vacante. C'est dans ce cas seulement, à mon avis, que le Théâtre lyrique, ramené dans la situation la plus heureuse, pourrait se flatter d'un succès certain.

Je sais bien que cet arrangement n'est pas tout-à-fait celui de ces Directeurs. Ils en avaient proposé un autre plus favorable à leurs intérêts particuliers, mais il est bon que leurs intérêts soient d'accord avec ceux de tout le monde. Ils voulaient, dans le cas où ils se feraient chargés de l'Opéra, qu'ils auraient placé au Palais royal, qu'on leur en eût abandonné le magasin rue Saint-Nicaise, où ils auraient établi leur Théâtre actuel. Mais s'ils voulaient conserver à ce Théâtre la forme qu'il a aujourd'hui, c'est-à-dire, n'en faire qu'un petit Théâtre, il devenait inutile & n'entrait pas, ce me semble, dans les vues de la Municipalité. S'ils voulaient, au contraire, en faire un Théâtre rival, je ne sais si l'emplacement de la rue Saint-Nicaise est assez grand pour y construire une salle convenable à ce dessein. Je doute d'ailleurs que le Département de la Police eût permis l'établissement d'un Théâtre dans une rue dont les dégagemens, au moins d'un côté, sont si embarrassés, & qui l'auraient été encore plus par le voisinage d'un autre Spectacle. Enfin, pour troisième motif, on aurait pensé, sans doute, qu'il n'était pas naturel de sacrifier l'ancien Théâtre, en accordant une position trop avantageuse à son rival. D'ailleurs il est plus équitable de répartir les différentes salles dans les différens quartiers de Paris, que de les réunir toutes dans un cercle trop étroit. La justice & les convenances réciproques veulent donc que le Théâtre de la Nation reste au fauxbourg Saint-Germain; que le nouveau Théâtre de Comédie & Tragédie s'établisse au Marais sur les fondemens de celui des Variétés, & au bénéfice des mêmes entrepreneurs, & qu'en conséquence ils cèdent leur salle du Palais royal, moyennant une indemnité sur le prix de la location, pour y transporter le grand Opéra.

Sur cette distribution qui paraît devoir accommoder tout le monde, il restera pourtant encore à faire une objection. Il paraît évident que l'architecte qui a construit cette salle nouvelle a toujours eu en vue de la destiner à l'Opéra. Cependant on prétend qu'elle n'est pas disposée d'une manière commode pour ce genre de Spectacle. C'est un point qui ne peut être discuté qu'entre les sujets de l'Opéra, ceux qui en connaissent bien le service intérieur, & l'architecte lui-même. La seule chose dont je puisse juger, ainsi que le public, c'est que l'orchestre des musiciens paraît bien petit pour

contenir

contenir ceux qui font néceſſaires à ce Théâtre ; que le parquet, la place la plus fréquentée par la claſſe moyenne, y a trop peu d'étendue ; qu'on n'y voit point d'amphithéâtre, ni la poſſibilité d'y en ajouter un, & l'on ſait qu'à l'Opéra, l'amphithéâtre eſt la place la plus recherchée par les gens riches. Si l'architecte a le moyen de remédier à ces inconveniens, je crois, d'après l'opinion générale, qu'il n'y a pas de meilleur arrangement à prendre pour tous les grands Spectacles. Il me reſte à dire un mot des autres ; je n'en parlerai pas longuement.

DES PETITS SPECTACLES.

C'EST une grande queſtion, ſous les rapports de la Politique & de la Morale, que de ſavoir ſi les Spectacles doivent être mis à la portée du Peuple, c'eſt-à-dire de cette portion la plus pauvre des Citoyens, preſque toute compoſée d'Artiſans qui, vivant au jour le jour, diminuent leur fortune ou plutôt leurs moyens de ſubſiſtance, en proportion des heures qu'ils perdent. Je ne puis ici l'approfondir, & j'en dois laiſſer la diſcuſſion à des plumes plus éloquentes & plus accoutumées à traiter ces objets. Mais je ne puis me défendre d'effleurer les premières réflexions qui ſe préſentent.

O

Si le temps est si précieux pour cette classe de Citoyens, la Municipalité, qui doit sur-tout veiller sur les mœurs, doit-elle permettre qu'on lui fournisse les occasions de le dissiper ; que ces occasions se multiplient à l'infini par une liberté trop étendue accordée aux Spectacles ? Ne voit-on pas que cette liberté va produire une foule de petits Théâtres, comme celle de la Presse a produit une foule de mauvais journaux ? Je ne parle pas des dangers que courront les entrepreneurs aveuglés par l'intérêt, & à qui l'indifférence du Gouvernement n'aura donné que la faculté de se ruiner à leur aise. On me dira : c'est leur faute. J'en conviens, & c'est aussi la faute d'un fou quand il se blesse avec les armes qu'on a laissées sous sa main. Mais je parle sur-tout du Peuple. Plus vous lui consacrerez de Spectacles, & plus vous lui en inspirerez le goût, car c'est le propre de la concurrence. Plus il en aura le goût, & plus l'amour de l'oisiveté bannira de son ame l'amour du travail nécessaire à son existence, & sans lequel il n'a plus de mœurs.

Direz-vous qu'il est bon de substituer le plaisir innocent que procure le Spectacle, aux plaisirs plus dangereux auxquels le Peuple se livrerait, s'il était privé de celui-là ? Mais est-il bien certain d'abord que les Spectacles du Peuple soient fort innocens ? Quand on connaît l'atrocité crapuleuse des mœurs de ceux qui les composent, peut-on penser sans frémir que c'est en propager l'horreur que de souffrir que le nombre en soit augmenté. Combien de jeunes gens des deux sexes attirés dans ce repaire de vices par le désir de l'amusement, y seront retenus par le goût du libertinage & la facilité de s'y livrer! Combien de Mères y destineront l'innocence de leurs filles, si vous laissez à ce genre infâme d'industrie le droit de s'étendre! Mais sans m'arrêter sur ce tableau effrayant, je ne considère qu'un danger encore plus général. Il faut convenir que le Spectacle a un attrait que n'ont point les autres plaisirs pour l'homme du Peuple; s'il s'y abandonne une fois, il n'en est point dont il puisse aussi facilement abuser. Le goût même de l'ivrognerie (s'il m'est permis d'arrêter les yeux sur ces détails) est moins funeste pour lui que celui des Spectacles. Chaque fois qu'il veut s'y livrer, il est au moins retenu par une femme, par une famille chérie, qui ne le partagent pas avec lui; mais loin de l'arrêter, ne l'encourageront-ils pas au contraire à les conduire au Théâtre, & à dissiper en un jour la légère épargne qui devait être réservée à pourvoir aux accidens? Compterez-vous sur leur prévoyance? On sait que ce n'est pas la vertu favorite de cette classe; on sait qu'elle ressemble trop à ces sauvages qui vendent le matin le lit dont ils auront besoin le soir. C'est donc au Gouvernement à veiller pour eux sur eux-mêmes. Si la liberté consiste dans le droit d'user & non pas d'abuser, ce n'est point la gêner que de restreindre des établissemens dont l'abondance peut être nuisible. On ne doit point être libre de vendre du poison sans précaution, & l'on ne peut pas dire : tant pis pour ceux qui s'empoisonnent. Il n'est donc plus question que de savoir si les Spectacles à bas prix, multipliés & ouverts tous les jours au Peuple, ne sont pas un poison.

En Angleterre, pays qu'il faut citer sans cesse, lorsqu'il est question de liberté; en Angleterre les Théâtres ne sont pas libres; on ne peut en établir un nouveau sans un acte du Parlement. Le danger que courent les mœurs entre pour beaucoup dans les motifs de cette contrainte, mais elle porte aussi sur une autre considération. En Angleterre on accorde aux Arts beaucoup de priviléges exclusifs, & l'on s'en trouve très-bien; mais ils ne sont ni donnés au hasard ou à la faveur, ni perpétuels comme ceux que nous avions en France. On les accorde à ceux qui font dans ces mêmes Arts des découvertes utiles, ou qui font de grandes entreprises dont le succès dépend absolument de cette exclusion. Assurés de jouir seuls pendant un temps assez long pour recueillir les fruits de leurs tentatives, ces entrepreneurs trouvent aisément des secours dont ils seraient privés s'il était permis à une foule de spéculateurs insensés d'entrer avec eux en concurrence. Voilà pourquoi dans ce pays toutes les entreprises sont grandes & magnifiques. Avec une liberté indéfinie, vous n'aurez que des établissemens timides & mesquins.

Je consens donc à ce que vous accordiez à des spéculateurs téméraires, avides & ignorans la faculté de se ruiner; je consens même à ce que vous comptiez pour rien d'ajouter à leur ruine celle des ouvriers, des fournisseurs de toute espèce, que trop de confiance aura entraînés à leur prêter des secours; mais comptez aux moins pour quelque chose la conservation du goût, la décence, la dignité qui conviennent aux établissemens d'une grande ville, & qui seront étrangement blessés, si vous en abandonnés le droit à tous ceux qui voudront le faire valoir.

Le public, dites-vous, est le seul juge en matière de goût. C'est à lui de conserver ce feu sacré. Lui seul peut protéger les Spectacles qui l'amusent, il se fera justice des autres en les abandonnant. Ce raisonnement peut être vrai à la longue, mais les erreurs passagères dont ce même public a donné de si fréquens exemples, ne faut-il pas les calculer, les prévenir? Jamais les Pièces de Molière, de Racine, de Voltaire même ont-elles eu autant de succès, un aussi grand nombre de représentations, un aussi grand concours de Spectateurs que les Pièces de l'ancien Théâtre Italien, ou de l'ancien Opéra Comique, ou, en dernier lieu, de *Jeannot* & des *Pointus* ? Si alors les Spectacles eussent été libres, qui aurait empêché une foule d'entrepreneurs, encouragés par ce succès, d'élever à la hâte de petits Théâtres forains, & d'y donner beaucoup de Pièces de ce genre ? qui assure qu'au moins pour un temps la même foule ne s'y serait pas portée ? mais cependant les Théâtres plus réguliers, abandonnés à eux-mêmes & désertés par le public, se seraient vus contraints de fermer, de se dissoudre, & après cette frénésie passée, il n'aurait plus été temps de recourir à des ouvrages de meilleur goût.

Mais je vais trop loin. Je ne voulais parler que des petits Spectacles, & je m'aperçois que je traite la question générale de la liberté des Théâtres dans laquelle je ne voulais pas entrer. Encore rempli d'un discours très-éloquent prononcé par M. Quatremère de Quincy à l'Assemblée de la Commune, je me suis laissé entraîner à lui répondre. Quoique à beaucoup d'égards mon opinion ne diffère pas de la sienne, je ne puis être en tout de son avis ; & puisque j'ai commencé à toucher cette matière, je vais continuer à lui présenter quelques objections ; j'en reviendrai toujours bien à mon objet principal.

M. de Quatremère prétend que les Théâtres

n'appartiennent point à la Commune, *parce qu'elle ne les a point acquis*. Cette proposition a besoin d'être établie d'une manière distincte. Qu'entend-on par les Théâtres? Est-ce la salle où on les représente, ou le droit de les représenter? Si c'est la salle, il est certain qu'elle n'appartient qu'à ceux qui l'ont acquise & payée. Celles de tous les Entrepreneurs qui ont été acquises par eux & payées, leur appartiennent donc bien légitimement. Mais celles des Français & de l'Opéra, qui ont été bâties aux frais du Roi, c'est-à-dire de l'État, à qui appartiennent-elles? celle des Italiens leur a été vendue, mais ils ne l'ont pas payée. Elle est donc à leurs créanciers, jusqu'à ce que la créance dont elle est le gage, ait été soldée complettement. Alors elle sera la propriété de ceux qui auront fourni les fonds nécessaires. Mais si les Acteurs qui composent actuellement la Société trouvaient le moyen de la payer sur leurs bénéfices, elle serait donc à eux? Oui sans doute comme individus, mais non pas comme sociétaires. La somme représentative de cette salle étant prise sur le produit de l'industrie de chacun, ne pourrait pas être le propre de la Société, Être moral qui n'a point d'existence réelle. Or comme il serait trop difficile de partager ensuite cette propriété, les Comédiens ne veulent ni ne peuvent l'acquérir, puisque ce serait faire un sacrifice de leur poche pour enrichir gratuitement leurs succeſſeurs. Si les Comédiens comme Corps ne peuvent rien poſſéder en propre, à qui donc appartiendra la propriété dont ils ſont les uſufruitiers? à la Nation; l'Aſſemblée Nationale l'a décidé. Aſſurément la Nation n'a ni acheté, ni acquis les biens Eccléſiaſtiques, & cependant elle s'en eſt déclarée propriétaire, parce que les corps ſucceſſifs n'ayant ni le droit d'aliéner, ni celui de tranſmettre par héritage, ne peuvent poſſéder en propre, & que ce qui n'appartient à perſonne appartient à tous, c'eſt-à-dire à la Nation.

M. de Quatremère dit qu'un Spectacle *eſt un établiſſement particulier, où des particuliers à leurs périls & riſques mettent en commun leur induſtrie, leur argent, pour amuſer ceux qui veulent payer ce genre d'amuſement.* Cela eſt vrai, ſans doute, pour ceux qui ſont réunis en ſociété; auſſi leurs bénéfices, s'ils en font, ſont-ils leur propriété légitime que perſonne, je penſe, ne s'eſt aviſé de leur conteſter. Il n'en eſt pas de même pour les Théâtres en entrepriſe; ce ſont les entrepreneurs qui ſont propriétaires, puiſque ce ſont eux qui paient l'induſtrie des Acteurs & qui font les autres frais, comme le propriétaire d'une manufacture paye ſes ouvriers. Il n'en eſt pas de même de l'Opéra dont les Acteurs ont juſqu'ici été ſalariés par l'État. Ils n'ont pas plus de droit à l'adminiſtration de leur Théâtre que les ouvriers cités pour exemple, n'en auraient à s'approprier la manufacture dans laquelle ils sont employés. Si on le leur accorde, comme je crois qu'il convient de le faire, cette concession doit être considérée comme une grâce & non comme un droit. Il ne faut donc pas se fonder sur cette maxime trop générale que les priviléges exclusifs sont nuisibles aux Arts. Il est question ici de spéculateurs & non pas d'artistes. On peut gêner une opération de finance si on la trouve nuisible, sans que l'art & ceux qui l'exercent en soient moins protégés. L'observation de M. de Quatremère regarderait tout au plus les Comédiens sociétaires; or le régime de société, le plus vicieux de tous, ne peut guère être conservé.

Si l'on entend par la propriété des Théâtres le droit d'y représenter, M. de Quatremère dit qu'il fallait classer ce droit avec ceux de péage, de hallage, &c. Ceci ramène à la première question. Est-il avantageux aux mœurs, au goût, & même aux progrès de l'art qu'il y ait dans une ville un nombre indéfini de Spectacles? vaut-il mieux pour la Capitale de la France en avoir beaucoup dans un état médiocre, que d'en restreindre le nombre pour leur procurer plus de splendeur? Je crois que chacun ne peut avoir là-dessus que son sentiment particulier, qu'il serait difficile d'appuyer sur des preuves incontestables. Il n'est pas douteux que si l'on ne voit aucun inconvénient à laisser aux entreprises de ce genre une liberté entière, le Gouvernement n'a plus le droit d'accorder ni de refuser. Mais si l'on convient que le nombre & l'espèce des Spectacles ne sauraient être indifférens par l'influence nécessaire qu'ils ont sur les mœurs, l'administration a le droit de les refuser ou de les admettre, comme elle a celui d'empêcher les jeux de hasard, qui ruinent les Citoyens. Il n'est pas juste de comparer ce droit à ceux de péage, de hallage, qui n'étaient qu'une faveur accordée aux uns au détriment des autres; qui gênaient le commerce parce qu'ils renchérissaient la denrée. On ne propose point de faire payer à la Municipalité la permission d'élever un Théâtre, mais d'obtenir son consentement, parce que c'est à elle à consulter les convenances pour l'accorder ou le refuser. C'est à elle encore à décider de leur position, non-seulement comme objet de police, mais encore pour la plus grande commodité des habitans. Si l'administration a le droit de surveillance sur la ville entière, il est incontestable qu'elle l'a sur ses différentes portions, & qu'elle peut dire: je consens à ce que vous établissiez un Théâtre dans tel quartier qui en manque, mais je n'en veux pas dans tel autre qui en a déja trop; il m'appartient de ne pas y laisser augmenter un concours de voitures nuisible à la commodité, dangereux pour la vie des Citoyens. Je conviens avec M. de Quatremère que le Gouvernement ne doit pas protéger tel Théâtre plutôt que tel autre, mais c'eſt pour protéger tous ceux qui exiſtent, qu'il ne doit pas en permettre d'autres, ſi le nombre en eſt ſuffiſant. Je ne crois pas non plus qu'il ſoit indifférent pour lui que les Théâtres ſoient dégradés par l'indigence, ou qu'ils ſe ſoutiennent avec éclat & dignité.

La liberté eſt ſi nouvelle pour nous, que ſes différens partiſans s'accuſent réciproquement de ne pas ſavoir en quoi elle conſiſte. Les uns paraiſſent vouloir trop la reſtreindre, les autres lui donner trop d'extenſion. On l'a cependant définie d'une manière aſſez exacte, pour ne pas devoir ſe tromper ſur ſon véritable caractère. La liberté, ce me ſemble, eſt le droit qu'a tout individu de faire ce qui lui eſt bon, ſans nuire à la ſociété. On entend par la ſociété le plus grand nombre. Ainſi ce qui ſerait utile à dix, mais nuiſible à cent, ne pourrait être permis. S'il avait été prouvé que le commerce des Indes fût déſavantageux à la France, en faiſant tomber nos manufactures, quoiqu'il eût pu faire la fortune de quelques négocians & même de quelques villes, il eſt probable qu'il eût été prohibé. Pour appliquer maintenant le principe & l'exemple; s'il eſt prouvé qu'il eſt de l'intérêt de la ville, c'eſt-à-dire, de la majorité, d'avoir des Spectacles floriſſans, & s'il eſt vrai que leur trop grande abondance s'oppofe à leur profpérité mutuelle, la Municipalité a donc le droit d'en fixer le nombre, fans que ce foit gêner la liberté ; car encore une fois on ne doit pas avoir la liberté de nuire.

Il me femble donc raifonnable de laiffer les grands Spectacles dans l'état où ils font, & je mets dans cette Claffe *les Variétés* modifiées de la manière que j'ai indiquée. Leur nombre eft tel qu'ils doivent tous fe foutenir honorablement, lorfque le calme fera parfaitement rétabli dans les affaires & dans les efprits. Pour ceux qui, fans être au rang des grands Théâtres, ne font pas non plus uniquement confacrés au Peuple, je ne demanderais pas qu'on les fupprimât. Ils poffèdent, & ce ferait une injuftice de les dépouiller tout-à-coup d'une poffeffion dont ils n'ont pas recueilli le fruit. Mais on pourrait limiter le temps de leur jouiffance. S'ils profpèrent pendant cet intervalle, c'eft une preuve qu'ils ont été utiles & qu'on a bien fait de les conferver. S'ils languiffent, ils ne pourront s'en prendre qu'à eux-mêmes, & le Gouvernement n'aura pas du moins à fe reprocher de s'être oppofé à leurs efforts.

Si, par toutes les raifons que j'ai alléguées, il eft bien décidé que la Municipalité a le droit de Spectacles dans fa ville, c'eft à elle à décider, 1°. de la quantité qu'elle en veut laiffer établir ;

2°. du local où elle voudra les admettre; 3°. de la forme de leur administration extérieure; 4°. du temps que doit durer cette concession.

1°. J'ai assez développé les motifs pour lesquels la Municipalité doit fixer le nombre de ses Théâtres. 2°. Le local est un objet de police dont on ne peut lui contester l'inspection. C'est de plus un objet de convenance : la ville peut avoir intérêt de placer un Spectacle dans un quartier plutôt que dans tel autre; telle est la condition du marché ; c'est au spéculateur qui sollicite l'entreprise, à savoir si elle lui convient; *il est libre* de l'accepter ou de la refuser. 3°. La forme de l'administration ne saurait être indifférente à la ville. Il y a tel régime qui compromet plus ou moins la fortune d'un grand nombre de Citoyens, comme celui des sociétés successives, qui, souvent obligées d'emprunter, ont intérêt à ne jamais rendre. Les prêteurs peuvent donc courir des risques. Je sais bien que ce sera la faute de leur trop de confiance, mais cette confiance est fondée en quelque sorte sur l'autorisation du Gouvernement, & son devoir est, ce me semble, de veiller sur l'intérêt de tous les Citoyens dont il doit se regarder comme le tuteur. 4°. Si la concession accordée à un Spectacle était perpétuelle, ce serait un véritable privilége, avec tout ce que ce mot offre d'odieux. Il ne le fera plus dès que la concession fera limitée.

Qu'eſt-ce alors qu'un privilége? on défire avoir un Théâtre dans une ville : comme cette entreprife exige des avances confidérables, & des fonds fuffifans pour répondre à tous les coopérateurs de la fûreté de leurs paiemens, on écoute les propofitions d'une Compagnie. S'il s'en préfente plufieurs, la plus folide doit être préférée. Elle a dû calculer d'avance ce qu'il lui fallait de temps pour retirer fes capitaux, & pour recueillir des bénéfices légitimes, capables de la dédommager des rifques qu'elle a courus. Cet objet débattu & réglé entre la Compagnie & la Municipalité, la permiſſion eſt acccordée, & lorfqu'elle expire, une autre Compagnie peut fe préfenter à fon tour. Tels font les priviléges de Spectacle & de toute entreprife majeure en Angleterre ; tels ils font même dans nos villes de province, excepté que ces permiſſions font vendues par les Gouverneurs ou par les Officiers municipaux, & qu'il paraît convenable de fupprimer cette vénalité.

Si les droits de l'adminiſtration de la ville font bien établis à ces différens égards, elle doit les exercer encore plus rigoureufement fur les petits Théâtres qui ont une influence particulière fur les mœurs d'une claſſe la plus fufceptible d'en prendre de mauvaises, & parmi laquelle il est le plus important d'en maintenir de bonnes. Je trouverais donc à propos que l'on fixât à quatre au plus les Théâtres consacrés au Peuple, & qu'on les établît aux quatre extrémités de Paris. Par les raisons que j'ai déja exposées, il ne faut pas que le peuple ait ses Théâtres trop près de lui, que l'abord lui en soit facile. Il aime d'ailleurs à aller chercher ses plaisirs au loin. Vous le voyez le dimanche avec sa famille, dédaigner les cabarets du centre de Paris, pour courir gaîment aux guinguettes voisines de la campagne.

Comme le Spectacle ne doit pas être pour lui un délassement journalier ; comme il ne doit pas y consacrer des jours dont toutes les heures sont précieuses & nécessaires à son existence, je voudrais qu'ils n'ouvrissent que les dimanches & fêtes. Plus ce plaisir sera rare, & plus il en goûtera le prix. S'il se familiarise trop avec le Théâtre, il en perdra l'illusion ; blasé bientôt sur les Pièces, elles n'agiront plus sur son ame, & n'y porteront plus ces sentimens de morale & de vertu qu'il serait important d'y semer. Dès que les personnages disparaitront à ses yeux, il ne verra plus que les Acteurs ; il se rapprochera d'eux, il se laissera séduire par leur genre de vie qui flattera ses passions, il s'infectera de leurs vices, & la corruption ne se propagera que trop rapidement. Voilà fur-tout ce qu'il faut prévenir avec foin.

J'aimerais affez qu'on y jouât les mêmes Pièces qu'aux grands Théâtres, en préférant celles dont la morale plus épurée eft plus fufceptible de produire de bons effets. Que l'on ne dife pas qu'elles ne font pas à leur portée. Le peuple a plus d'intelligence qu'on ne le croit. Toutes les fois qu'on a donné gratis des Tragédies ou des Pièces de haut comique, il ne s'eft jamais trompé fur les endroits qui méritaient d'être applaudis. Ce n'eft pas qu'il ne pût être bon de faire exprès pour lui des Pièces, qui, dans un cadre intéreffant, lui traceraient fes devoirs & lui préfenteraient des images de vertu; mais il faut beaucoup de talent pour favoir parler convenablement au peuple, & des hommes d'un talent réel ne le confacreront point à des treteaux. Je craindrais que plus fouvent, dans la vue de réuffir davantage, les Auteurs n'employaffent le moyen plus facile & plus piquant de flatter les paffions de la multitude. Au refte il ferait difficile d'impofer des loix à cet égard, mais en permettant aux entrepreneurs de prendre les Pièces des autres Théâtres, ils préféront le plus fouvent ce parti pour n'avoir point de redevance à payer; car je ne doute pas qu'en faveur du peuple feulement, les Auteurs ne renoncent volontiers à leurs honoraires.

L'idée

L'idée que je propose n'est pas nouvelle : elle s'exécute, dit-on, sur le Théâtre *des Associés* ou des *Délassemens comiques*; peut-être sur d'autres l'on joue sous des différens titres, *Tartuffe*, *le Glorieux*, *Zaïre*, *Mahomet*, &c. La *bonne compagnie* qui fréquente quelquefois ces Théâtres sous prétexte de dérision, mais en effet parce qu'ils coûtent moins que les autres, ne manque pas de couvrir de dédains le ridicule de ces pauvres Acteurs, & cette opinion, qui passe bientôt jusqu'au peuple, le dégoûte & empoisonne son plaisir. Mais comme, par un moyen dont je vais parler, on interdirait absolument ces Théâtres à ce qu'on appelle la bonne compagnie, cet inconvénient n'arriverait plus. Ces Acteurs ne sont si mauvais que parce qu'ayant à plaire à deux classes différentes de spectateurs, c'est la plus relevée qu'ils préfèrent. Pour réussir auprès du grand monde, ils croient devoir imiter les grands Acteurs, & l'on sent combien leurs efforts, avec si peu de moyens, doivent les rendre ridicules. Dès qu'ils ne joueront plus que pour le peuple, ils auront beaucoup moins de prétentions, & deviendront plus simples, plus naturels ; ils se feront peu à peu une manière conforme au goût de leurs juges habituels & dont ceux-ci sauront se contenter. En jouant les Pièces des autres Théâtres, le peuple y trouvera encore un avantage, celui de voir disparaître une diftinction humiliante entre lui & les gens riches, & de partager également avec eux des plaifirs qu'ils leur ont long-temps enviés.

Pour effacer encore davantage cette diftinction & pour bien s'affurer que le peuple feul fréquentera ces Théâtres, je voudrais qu'il n'y eût qu'un prix pour toutes les places, fans aucun égard pour la commodité. Soyez sûr que vous ne verrez plus les gens qui fe croient au deffus du vulgaire, fe confondre indifféremment avec lui, dès qu'il n'y aura plus de moyen de conftater leur fupériorité.

Il faudrait que le prix des places fût extrêmement modéré; tel que l'ouvrier, père de famille, pût mener avec lui fa femme & fes enfans, fans excéder la petite réferve qu'il a deftinée à leur amufement fur le produit des travaux de la femaine. Si l'on n'a pas détruit les principes que j'ai établis, on ne dira pas, fans doute, que c'eft gêner la liberté que de fixer ainfi le bénéfice des Entrepreneurs. Si le Gouvernement a le droit de permettre ou d'empêcher l'établiffement d'un Spectacle, il a de même le droit de régler les conditions de fon confentement, en tout ce qui intéreffe les citoyens. Or je crois avoir prouvé que ces conditions font non-feulement favorables, mais effentielles à ceux pour qui font deftinés les petits Théâtres; leur intérêt doit donc être préféré à celui des Entrepreneurs. C'eft à ceux-ci à dreffer leurs calculs en conséquence. Ils sont les maîtres de renoncer à l'entreprise, s'ils ne croient pas pouvoir y gagner.

Ce n'est cependant que pour les Théâtres du peuple que je demanderais un prix déterminé par l'Administration municipale. Cet objet ne saurait être abandonné à la cupidité des spéculateurs, qui ne s'embarrasseraient pas que leurs places fussent toujours à la portée du pauvre, pourvu qu'ils les vîssent remplies. L'expérience démontre que la classe moyenne, séduite par le bon marché, se les approprierait peu à peu, & les préférerait aux grands Théâtres. Ceux des Boulevards, fréquentés aujourd'hui par la bourgeoisie, même aisée, n'ont peut-être pas eu d'autres causes de succès. Cette considération devrait frapper davantage les Entrepreneurs de nos grands Spectacles; mais c'est à la raison, aux conseils des observateurs, sur-tout à la concurrence, & non pas à l'autorité, de les diriger à cet égard.

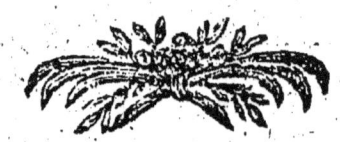

PRIX DES PLACES
AUX GRANDS THÉATRES.

J'AI vu souvent les Comédiens, persuadés eux-mêmes que leurs places sont trop chères, n'oser pourtant les diminuer par une sorte de fausse honte, pour ne pas afficher la misère, parce qu'un Théâtre craindrait de paraître inférieur aux autres s'il ouvrait à meilleur marché. Ces vaines considérations sont extrêmement nuisibles ; il n'est pas douteux que, sur-tout dans les circonstances présentes, le prix entre pour beaucoup dans la désertion des Spectacles : ils seraient plus fréquentés si, en général, ils étaient à meilleur marché. Nous perdons déja tant, disent-ils ; nous perdrons davantage si nous diminuons encore le prix de nos places. — Vous perdrez beaucoup moins. Votre Salle sera plus souvent garnie & même remplie ; il vaut mieux ne faire que cent louis avec la salle pleine, que de faire ces mêmes cent louis & de n'offrir qu'un désert. On ne se figure pas assez combien l'affluence de quelques jours excite l'affluence pour les jours qui suivent. Les spectateurs s'électrisent par leur nombre, & l'apparence du succès produit toujours un véritable succès,

J'ai entendu faire quelques mauvais raisonne-mens du même genre : par exemple, les Italiens trouvaient que leur parterre, quand on y était assis pour quarante-huit sous, nuisait à leur orchestre où l'on paye six francs. Ces deux places sont si voisines que l'on préférait celle qui, presque avec les mêmes avantages, coûtait beaucoup meilleur marché. Cela peut être : je sais bien qu'au Théâtre de *Monsieur*, depuis qu'il est à la Foire, tous les gens de la classe la plus relevée ont préféré le Parquet à l'Orchestre qui est presque entièrement abandonné. Mais qu'est-ce que cela prouve ? que les places doivent être diminuées. Qu'arrive-t-il depuis que les Italiens ont remis leur Parterre debout ? qu'il est plus souvent plein sans doute, parce que les 24 sous y ont ramené ceux que les 48 en avaient éloignés. Mais les Places de l'Orchestre en sont-elles mieux garnies ? non vraiment. Ceux qui les avaient quittées pour le Parterre assis, ne voulant point du Parterre debout, ont tout-à-fait abandonné le Spectacle, ou du moins s'y montrent beaucoup plus rarement.

Il faut, & en très-grande quantité, des places à bon marché pour les classes peu fortunées ; surtout pour les jeunes gens qui n'ont pas beaucoup d'argent à dépenser, & pour qui le Théâtre est la plus noble, la plus utile, la plus innocente de toutes les dissipations. Les Français ont annoncé dans leur compliment d'ouverture une idée que je crois excellente & qui doit leur réuſſir parfaitement ; c'eſt un local (probablement un Amphithéâtre) qui contiendra un très-grand nombre de perſonnes, pour un prix fort modéré. Ces Amphithéâtres profonds, très-uſités dans les ſalles d'Angleterre, joignent à l'avantage de ſe proportionner aux facultés de chacun, celui de raccourcir le rayon de la Salle qui ſe trouve ainſi contenir beaucoup de monde dans une moindre étendue, & l'avantage inappréciable de la faire paraître toujours bien garnie avec fort peu de ſpectateurs ; car dans ces Amphithéâtres où l'on voit très-bien, on n'eſt pas vu de même, & le premier rang, qui eſt toujours occupé de préférence, ſuffit pour faire illuſion ſur la quantité de monde que cette place contient. On ferait bien d'adopter ces ſortes d'Amphithéâtres dans toutes les Salles. Ce qu'on a trouvé poſſible aux Français doit l'être ailleurs. Des places de ce genre entraient dans le projet que M. le Noir avait propoſé aux Entrepreneurs du Théâtre de *Monſieur* pour un emplacement peu vaſte. Elles entraient auſſi dans le plan de MM. Le Grand & Molinos ſur un autre terrain, & on ne ſaurait trop conſeiller aux Actionnaires actuels d'en faire uſage dans la Salle qu'ils comptent faire bâtir dans la rue Feydeau.

Voici donc les différens prix que je propoſerais pour les grands Théâtres, & auxquels je pense qu'ils se réduiront s'ils consultent bien leur véritable intérêt.

GRAND THÉATRE LYRIQUE.

C'EST ainsi que je nommerais l'Opéra auquel il faut ôter le titre ridicule d'Académie, en le privant des droits abusifs qu'il a trop long-temps exercés. On l'en dédommagerait par la liberté qu'il convient de lui rendre, & par plus de considération publique.

C'est un Théâtre de luxe : Il doit être plus cher que les autres, mais il doit l'être moins qu'aujourd'hui, s'il veut prospérer.

Balcons, premières Loges, Amphithéâtre, je mettrais tout au même prix, & ce prix serait six francs. Cependant comme quelques-unes de ces places sont à 10 liv., à 7 liv. 10 sous, si l'on trouvait la diminution trop considérable portons les toutes à 7 liv. 4 sous.

Les secondes Loges, 4 liv. 4 sous.

Les troisièmes, 3 liv. Je sais qu'elles sont destinées à être louées à l'année; mais il doit s'en trouver de vacantes, qui probablement le seront encore quelque temps.

Les quatrièmes, 2 liv. 8 s.

Vaste Amphithéâtre aux troisièmes, 1 liv. 16 f.

Amphithéâtre pareil aux quatrièmes & toujours assis, 1 liv. 10 f.

Parterre assis, 3 liv.

THÉATRE FRANÇAIS.

JE crois avoir prouvé à l'article de ce Théâtre que la dénomination que je lui donne ici, est la plus glorieuse & la plus convenable qu'il puisse prendre.

Balcons & premières Loges, 6 liv. comme aujourd'hui. Ce n'est pas ces sortes de places qu'on peut réduire.

Galerie & deuxièmes Loges 3 liv. Les secondes Loges ne contiennent pas assez de monde : la galerie ne fait que les suppléer. Ces places sont destinées à la bourgeoisie aisée, mais non pas riche ; c'est la classe la plus nombreuse de celles qui fréquentent le Théâtre.

Troisièmes loges, 2 liv. 8 f.

Quatrièmes, 1 liv. 16 f.

Vaste Amphithéâtre aux troisièmes, 1 liv. 10 f.

Idem aux quatrièmes, 1 liv. 4 f.

Parterre assis, 1 liv. 16 f.

THÉATRE DU MÉLODRAME.

CE titre me paraît le plus convenable à l'établissement qu'on appelle improprement *Théâtre Italien*, puisqu'il n'a plus d'Italien que le nom & qu'il en existe un autre, qui principalement composé d'Acteurs d'Italie mérite plus justement d'être nommé ainsi.

Le prix des places que je propose pour ce Théâtre, serait le même que celui des Français, en substituant à la galerie l'Amphithéâtre qui en tient lieu, & en en formant un autre le plus vaste possible aux troisièmes loges, comme celui qui est déja aux quatrièmes.

THÉATRE LYRIQUE ITALIEN.

C'EST ainsi que je nommerais le Théâtre de *Monsieur*, destiné à représenter des Opéras Italiens, des Mélodrames Français, & même des Opéras du grand Théâtre lyrique.

Ce Théâtre qui aujourd'hui n'est pas celui de la classe moyenne, & encore moins celui du Peuple, n'a pas autant besoin que les autres d'avoir des places à bon marché, s'il ne conserve que l'Opéra Italien. Comme ce genre n'aura jamais qu'un petit nombre de spectateurs & toujours les mêmes, il est juste que la valeur des places supplée à la quantité des amateurs. Mais s'il exploite avec un soin égal tous les genres qui sont de sa compétence, il aura le même intérêt que les autres à se prêter aux facultés du plus grand nombre des spectateurs. C'est une attention que doivent avoir les Entrepreneurs dans la nouvelle salle qu'ils projettent. L'architecte doit en raccourcir extrêmement le rayon afin que tous les auditeurs soit à peu près également à portée de l'avant-scène. Il fera bien aussi d'y multiplier les Amphithéâtres couverts les uns par les autres, de manière qu'avec très-peu de monde la salle puisse paraître suffisamment garnie, & que les vides ne s'y aperçoivent pas. Je ne détaillerai point le prix des places, il dépendra des desseins ultérieurs des actionnaires; dans l'un des cas que je viens de supposer, s'ils ne conservent que l'Opéra Italien, ils pourront proportionner leurs prix à ceux du grand Théâtre lyrique; dans l'autre, à ceux du Théâtre Français.

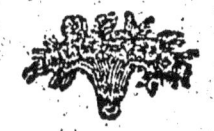

THÉATRE DE LA VILLE.

C'EST déja reconnaître la supériorité, & surtout l'antériorité du premier de nos Théâtres que de lui avoir donné pour patron le Peuple entier de la France, & de ne donner que la Capitale à son rival. J'espère que cette distinction lui paraîtra au moins aussi flatteuse que celle qu'il s'est arrogée en prenant le titre de Théâtre de la Nation.

Le prix des places sera le même. Comme il serait injuste de donner à dessein des avantages à l'une sur l'autre, & particulièrement au dernier venu, il ne faut pas que le second Théâtre ait celui d'offrir des places à meilleur marché que le premier, ce qui lui procurerait une préférence trop marquée. Mais quand je dis que les prix seront égaux, c'est en supposant que les Acteurs du Théâtre Français se réduiront à ceux que je propose; car comme il est essentiel que ces prix soient ceux du nouveau Théâtre, si les Français tenaient obstinément aux leurs, & que le public par cette seule différence finît par les abandonner, ils ne devraient alors s'en prendre qu'à eux-mêmes & à leur mauvaise manière de calculer leur intérêt.

Les autres grands Théâtres, s'il en existe, où

les Théâtres intermédiaires pourraient s'arranger d'après ces bases qui ne leur sont présentées que pour leur utilité. Ce n'est que pour les petits Théâtres que les prix doivent être forcés, parce qu'ils sont destinés au peuple, & qu'il faut le garantir contre le mélange des Classes plus relevées qui ne manqueraient pas de venir l'y corrompre ou de l'en expulser. Le seul moyen de les en écarter est, comme je l'ai dit, de ne souffrir aucune distinction dans le prix des places, & je pense, contre l'avis de M. de Quatremère, que lorsque l'intérêt du plus grand nombre l'exige, on peut, même dans les arts, restreindre jusqu'à un certain point la liberté de quelques individus.

Dans le petit nombre d'objets sur lesquels je ne puis partager l'opinion de M. de Quatremère, malgré l'éloquence entraînante de son discours, il en est un auquel je crois devoir opposer quelques réflexions. C'est celui de la censure. Je ne me propose pas d'approfondir ce sujet traité ailleurs avec beaucoup de force, & qu'on doit regarder comme suffisamment éclairci. Je me contenterai d'examiner le moyen que propose M. de Quatremère pour éviter en même temps les inconvéniens des jugemens arbitraires, & les dangers qui pourraient naître d'un excès de liberté. Cette discussion d'ailleurs, dans un ouvrage de la nature de celui-ci, doit trouver nécessairement sa place.

DE LA CENSURE
DES PIÈCES DE THÉATRE.

LA liberté de la Presse doit-elle être indéfinie ? En supposant qu'elle le soit, une égale liberté s'étendra-t-elle sur des ouvrages dramatiques destinés à être représentés devant un grand concours de peuple ? Comme l'Auteur doit toujours demeurer responsable du mauvais effet des opinions ou des tableaux dangereux qu'il aura présentés, vaut-il mieux avoir à l'en punir que de les prévenir & de l'empêcher de les divulguer ? Enfin les Pièces que l'on expose au Théâtre doivent-elles subir un examen préalable, ou doivent-elles n'être jugées que par le public ? & dans le cas où l'on croirait devoir les soumettre à l'examen, comment & par qui cet examen doit-il être fait ?

Telles sont les questions qui, dans ces derniers temps, ont occupé plusieurs bons esprits, & chacun d'eux a allégué d'excellentes raisons pour appuyer son opinion particulière. Ceux qui penchaient pour la censure, en convenant des avantages de la liberté pour les livres qu'on lit seul, dans le silence du cabinet, avec tout le calme de la réflexion, croyaient qu'il ne devait pas en être de même des Pièces données au Théâtre où les hommes raſſemblés apportent des paſſions plus exaltées, plus irritables, où les impreſſions plus ardentes ſe communiquent avec violence & rapidité. Ils comparaient les émotions les plus vives que puiſſe cauſer la lecture, à l'enthouſiaſme qu'excite la repréſentation. Ils craignaient les effets que pouvait produire cet enthouſiaſme, ſi le principe en était dangereux, & ils aimaient mieux s'y oppoſer d'avance que d'en faire porter la peine à leur Auteur inſenſé.

D'autres, plus zélés partiſans de la liberté, déteſtant juſqu'à la plus faible apparence de la contrainte, prétendaient que l'homme de lettres peut ſeul répondre de ſes opinions, au Théâtre comme ailleurs, & qu'il n'en doit compte qu'au public. Sous ce prétexte de prévenir des maux, ils croyaient voir l'ancien deſpotiſme prêt à ſe reproduire peu à peu, ſe parer du maſque des bonnes mœurs pour reconquérir ſourdement ſon premier empire, & s'y fortifier bientôt aſſez pour oſer s'y montrer à découvert. Ils ſe rappelaient les entraves cruelles, impoſées trop long-temps au génie, & les interprétations abſurdes, à l'aide deſquelles la timidité, la baſſe flatterie, la jalouſie même en arrêtaient l'eſſor. Si on leur objectait que la liberté de la preſſe devait les mettre à l'abri de ces inconvéniens; qu'ils ſeraient toujours les maîtres de faire

imprimer l'ouvrage dont la représentation leur serait interdite, & de réclamer le jugement du peuple contre l'ineptie ou la mauvaise foi du Censeur, « Mais le mal que vous vouliez me faire, » s'écriaient-ils, « n'en sera pas moins fait; on ne
» lit point ou on lit sans chaleur & sans intérêt
» les Pièces qui ne sont point représentées. C'est
» de la représentation que j'attendais tout l'effet
» de la mienne : à présent qu'on l'a lue, si j'ob-
» tiens justice, son plus grand effet est détruit.
» Mais l'obtiendrai-je cette justice? à quel tribunal
» faudra-t-il m'adresser? Veut-on perpétuer ces
» motions tumultueuses qui, depuis quelque temps,
» déshonorent nos Parterres, bannissent de nos
» Théâtres les spectateurs paisibles, en troublant
» leur attention & en répandant l'inquiétude sur
» leurs plus doux délassemens? N'est-ce donc
» que par des cabales que je puis défendre mes
» droits? Et quelle sera ma vengeance contre
» l'homme injuste qui m'opprime? comment
» réparera-t-il le tort qu'il me fait éprouver? Et
» si mon ame, trop fière ou trop timide, dé-
» daigne la plainte & les moyens violens, je
» resterai donc victime de son injustice »?

Ces objections sont raisonables, mais les précautions proposées contre le danger des trop fortes impressions, paraissent l'être aussi. Toute la littérature, & tous ceux qui s'y intéressent, sont partagés entre ces deux opinions. Le plus grand nombre paraît être pour la censure, mais exercée de manière à ne pouvoir jamais mériter aucun reproche, à n'être susceptible d'aucun des inconvéniens redoutés.

M. de Quatremère, qu'on n'accusera sûrement pas de mollesse dans ses sentimens pour la liberté, sent aussi l'utilité de la censure, mais il voudrait qu'elle fût publique. Il propose de renouveler l'usage des Grecs & d'établir des juges de Théâtre, dont les fonctions seraient de juger les Pièces à la première représentation en présence du peuple, qui approuverait ou condamnerait leurs décisions. S'ils jugeaient qu'un ouvrage pût porter atteinte à la Religion, à la Constitution ou aux mœurs, ils en pourraient suspendre les représentations jusqu'à ce que le Corps entier des Juges eût prononcé.

Je prendrai la liberté d'observer à M. de Quatremère que cette proposition ne remédie à aucun des inconvéniens dont on veut se garantir ; car si l'effet d'une Pièce peut être nuisible, il ne le sera pas moins à la première représentation qu'à la seconde, qu'à la vingtième. Il le sera même davantage à la première, où l'on porte en général des dispositions moins calmes & une ame plus accessible aux différentes impressions. Tout ce que les Juges pourraient alors, serait donc de
dire

dire que le mal est fait, & d'empêcher seulement, en arrêtant les représentations, qu'il ne devienne plus considérable ; mais on n'aurait pas obtenu l'avantage que M. de Quatremère regarde comme le plus grand de tous, celui de prévenir le délit.

Dira-t-on qu'une seule représentation ne peut-être dangereuse ? combien donc en faut-il pour influer sur les esprits ? Examinons les trois objets qu'on ne peut attaquer sans péril & sans crime, la Religion, les mœurs & la Constitution. Si dans un Drame on tourne la Religion en ridicule, ou les spectateurs, déja corrompus, riront & mépriseront alors l'autorité des Juges : si on arrête la Pièce, ils la redemanderont à grands cris ; ou plus vertueux, plus amis des bienséances, ils seront indignés & repousseront, par une improbation non équivoque, les téméraires efforts que l'on aura faits pour avilir l'objet de leur respect. Les Juges de Théâtre alors seront inutiles ; les représentations s'arrêteront d'elles-mêmes à la voix publique, & mille dénonciateurs, au lieu d'eux, demanderont vengeance aux Tribunaux contre le coupable Auteur.

Si l'on osait blesser les mœurs au Théâtre, y présenter des tableaux indécens ; ou si, par une adresse plus perfide, on y couvrait d'un voile léger des images trop voluptueuses ; si l'on y hasardait ces maximes funestes, d'autant plus dangereuses pour l'innocence qu'elles lui paraissent plus séduisantes & n'effarouchent point sa pudeur, toute la sévérité des Juges réparerait-elle le mal que cette première représentation aurait pu faire? Si on en empêchait les progrès par la proscription de la Pièce, les jeunes personnes qui l'auraient déja vue en emporteraient-elles moins le germe de la corruption, & l'effet serait-il moins redoutable, parce que l'Auteur pourrait en recevoir le châtiment?

Mais c'est sur-tout aux attentats contre la Constitution que ne sauraient remédier les Juges. Supposez une pièce dont le sujet soit attachant, les situations propres à émouvoir; qu'elle soit semée de propos séditieux, de maximes incendiaires, mais présentés avec talent, avec chaleur, avec énergie; (car sans ces caractères elle n'est plus dangereuse) supposez que l'Auteur antipatriote, possédant l'art de remuer les cœurs, d'entraîner les esprits, ait eu pour but d'ameuter les Citoyens rassemblés contre les lois sacrées de l'Etat, vous qui connoissez ce que peut le délire du moment, & combien il est facile d'égarer la multitude, craignez l'effet de cette première représentation. Elle seule est dangereuse; l'impression des autres s'amortirait contre la réflexion. Mais si l'explosion est une fois produite, que feront vos Juges? ramèneront-ils le calme de la raison dans des ames féduites, aveuglées, exaltées? arrêteront-ils les violences auxquelles pourra se livrer un peuple entraîné hors de lui? Serait-il temps de dire: ce malheur n'arrivera plus; les repréfentations de cette Pièce fatale feront interdites?

En un mot, si le peuple est là pour prendre part aux jugemens, lui feul fuffit, il n'a pas befoin d'autres juges, & si l'on ne craint pas les hafards d'une première repréfentation, on n'a rien non plus à redouter des autres.

Le moyen que j'aurais à propofer, reffemblant pour le fonds à celui de M. de Quatremère, & qui me paraît propre à maintenir l'ordre public au Théâtre, fans porter aucune atteinte à la liberté, ferait d'inftituer en effet un certain nombre de juges pris, moitié dans les membres du Corps municipal, moitié parmi les gens de lettres faifant fonctions de jurés, & de leur foumettre l'examen de la Pièce nouvelle, non pas par la lecture, comme ci-devant; non pas à la première repréfentation, comme le demande M. de Quatremère, mais à la dernière répétition.

Il faudrait que cette répétition fût faite avec autant de foin & d'appareil que la repréfentation même, & que l'on n'y admît que les juges & un nombre déterminé des amis de l'Auteur. L'effet de cette répétition ferait affez marqué pour qu'on pût préjuger celui de la repréfentation avec quelque certitude, mais, vu le choix & le petit nombre des spectateurs, il ne pourrait jamais être dangereux.

Lorsque le fonds même de la Pièce serait répréhensible, il serait difficile que l'opinion des juges ne fût pas à peu près unanime; la représentation en serait alors interdite à la pluralité des voix. On peut faire une objection, & dire que c'est faire tort aux Comédiens, abuser de leur temps, de leurs fatigues & quelquefois même de leur fortune, que de les laisser apprendre une Pièce & en faire la dépense pour en empêcher ensuite la représentation. Ils préféreront sans doute l'ancien usage, celui de la lecture préalable qui les mettait à l'abri de ces inconvéniens. Je réponds que le cas d'interdiction absolue ne pouvant arriver que lorsqu'une Pièce pêche absolument par le fonds, ils sont eux-mêmes capables d'en juger à la lecture qui leur en est faite; qu'il n'est nullement difficile de voir si un ouvrage, par le choix du sujet, blesse ouvertement les mœurs, la Religion ou les lois de l'État, & que la perte de leurs avances & de leur temps serait la juste punition d'avoir voulu hasarder une Pièce condamnable. Si dans cette crainte, ils portaient la timidité jusqu'à refuser une Pièce véritablement innocente, l'Auteur pourrait alors en appeler aux juges, leur en soumettre la lecture, & les Acteurs n'auraient plus rien à opposer à leur décision.

Lorsque l'ouvrage ne contiendrait que quelques phrases, quelques scènes dont on pourrait craindre l'effet, sur l'observation qui en serait faite par l'un des juges ou par l'assistance, la phrase ou la scène serait de nouveau examinée, & la pluralité des voix déciderait s'il faut la changer ou la supprimer. L'Auteur soutenu de ses amis serait là pour se défendre.

Cette répétition, qu'on pourrait nommer *judiciaire*, faite aux lumières, avec les habits & les décorations, aurait encore un avantage pour les Comédiens & pour les Auteurs, celui de donner une plus juste idée de l'effet de l'ouvrage par rapport à son succès. Ainsi elle servirait à consulter non-seulement les bienséances théâtrales, mais encore les convenances du goût; & pour mieux remplir cet objet, je voudrais que les gens de lettres adjoints aux juges & faisant l'office de jurés fussent choisis parmi ceux qui ne travaillent point pour le Théâtre qu'il s'agirait d'inspecter, afin que les rivalités n'y fussent point à craindre. Ainsi les Pièces du Théâtre Français & celles du Théâtre de la ville seraient jugées par des Auteurs qui ne courent point la carrière dramatique, mais qui en ont la connoissance & le goût. Comme leurs jugemens à cet égard ne pourraient être que des conseils, que les Auteurs seraient toujours maîtres de ne pas suivre, on ne voit pas ce qu'ils auraient à en redouter.

CONCLUSION.

JE borne ici ce que j'avais à dire fur l'organifation des Spectacles. Ce n'eft pas que je n'euffe encore pluficurs objets à traiter, notamment de la lecture & de l'examen des ouvrages dramatiques par les Comédiens, forme reconnue vicieufe pour tous les Théâtres établis jufqu'à préfent. Mais comme tous ces objets dépendent plus ou moins du régime que l'on adoptera pour chaque Théâtre, il ferait impoffible de préfenter aucune loi générale & folide à cet égard. On fent, par exemple, que des Entrepreneurs ont des droits fur l'examen des Pièces différens de ceux des Acteurs en fociété. Mais comme dans les réglemens nouveaux qui feront indifpenfables, il fera convenable de faire intervenir les gens de lettres, c'eft à eux à donner leur avis relativement à chaque Théâtre fur le mode de lecture qui aura le moins d'inconvéniens.

A l'égard des changemens arrivés aux Spectacles pendant la compofition & l'impreffion de ce Mémoire, voyez le *Supplément*.

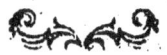

SUPPLÉMENT.

C'était sur-tout sur l'Opéra, sur le grand Théâtre lyrique, qu'il était instant que la Municipalité prononçât. Quelque vicieuse que pût être la constitution de chaque Théâtre, il y avait moins d'inconvénient à la conserver pendant quelque temps qu'à la changer provisoirement, pour y revenir. Mais il n'en était pas de même de l'Opéra. Sa régie était aux frais du Roi, & lui était à charge. Le Ministre, dans les comptes qu'il rend à l'Assemblée Nationale, ne voulait plus avoir à faire entrer les dépenses d'un Théâtre; il y renonçait absolument à l'époque de la rentrée; il fallait y pourvoir à l'instant.

J'ai déjà fait voir que ce Spectacle appartenait plus spécialement que tout autre à la Municipalité, puisqu'elle est propriétaire de la Salle & de tout le mobilier qu'elle renferme. C'était donc à elle à s'en charger. Le donner à ferme à des Entrepreneurs, ou même aux sujets, eut été un arrangement trop important pour pouvoir n'être que provisoire. C'eût été préjuger des questions que la Municipalité actuelle vouloit laisser examiner & résoudre à la Municipalité future, après son organisation. On a donc cru devoir prendre un parti mitoyen, qui, sans trop engager la prochaine Administration de la ville, pût assurer le sort des sujets, & empêcher la dissolution totale d'un Spectacle qu'on regardait comme intéressant de conserver. Il a été décidé en conséquence qu'il serait régi provisoirement, & pour cette année, par les Acteurs sous l'inspection du département des établissemens publics, que la ville se chargerait des pensions, répondrait des appointemens, & en un mot comblerait le déficit s'il y en avait.

Cet arrangement était indispensable, sans doute, à l'instant où il a été pris, mais il n'en serait pas de plus funeste pour la ville & pour les sujets eux-mêmes, s'il devait toujours durer. Cette confusion d'intérêts opposés & de pouvoirs de différente nature entre les Acteurs & le département, est une source perpétuelle de désordre ; il est impossible qu'ils s'entendent, & que la machine n'en souffre pas beaucoup. Il ne faudrait donc pas juger d'après cet essai du talent que peuvent avoir les Acteurs pour s'administrer eux-mêmes. A présent chacun veut être maître, & chacun en effet y a des droits à-peu-près égaux. Mais là où tout le monde commande, personne n'obéit, & l'on sent tout ce qui doit résulter d'un pareil régime.

Une chose encore plus fâcheuse, c'est que le zèle, le courage des sujets qui ne s'est point ralenti au milieu de cette anarchie, n'a pas été récompensé par le succès. Par la première nouveauté qu'ils ont donnée, ils ont voulu prouver que c'était à tort qu'on leur reprochait de la partialité en faveur de tel ou tel syftême de musique. Ils ont choisi de préférence celui qu'on les accusait de protéger le moins. Une conduite aussi estimable méritait d'être mieux encouragée : l'Opéra n'a point réussi. Le second plaît davantage; mais comme il est mis avec magnificence, il a couté beaucoup, & les recettes en général n'offrent pas l'espoir de couvrir la dépense, & d'offrir aux sujets le juste dédommagement de leurs travaux.

Qu'arrivera-t-il donc au bout de l'année, lorsque la Municipalité nouvelle voudra régler définitivement le sort de l'Opéra ? qu'effrayée d'avoir à couvrir un déficit considérable, elle ne voudra plus s'en charger à l'avenir, que les spéculateurs voyant la machine empirée, ne se presseront plus d'en solliciter l'entreprise, ou qu'ils y mettront des conditions encore plus dures que celles qu'ils ont proposées jusqu'ici; que les Acteurs mécontens avec raison de leur régime actuel, ne feront pas jaloux de le continuer; que les premiers sujets chercheront à tirer ailleurs un parti plus avantageux de leurs talens; que les autres se trouveront à-peu-près dénués de toute ressource, & en un mot qu'il n'y aura plus d'Opéra. C'est un malheur qu'il faut tâcher de prévenir.

Je n'y vois que deux moyens ; c'est, ou d'accepter sous très-peu de temps les propositions des Entrepreneurs qui n'y ont pas encore renoncé, ou que la Municipalité nouvelle, dès qu'elle existera, s'occupe incessamment de l'organisation de ce Spectacle. En le soumettant à un plan solide & bien lié dans toutes ses parties, en circonscrivant rigoureusement les pouvoirs de chacun, on ramènera l'ordre, & l'ordre une fois rétabli, les abus se réformeront nécessairement ; la dépense diminuera en conséquence ; & quand les circonstances continueraient d'être malheureuses, quand la recette n'augmenterait pas, il arriverait toujours que la balance serait plus égale, & que ce Théâtre se présenterait sous un aspect plus favorable aux Entrepreneurs qui voudraient s'en charger. Si c'est la ville, il est de son intérêt de régler de bonne heure une opération qui est à son compte, & de la rendre le moins couteuse qu'il sera possible. Si ce sont les Acteurs, à ces mêmes motifs, ils en joignent encore d'autres ; car comme il faut qu'ils trouvent des fonds pour cautionner le mobilier & les pensions anciennes, il convient qu'ils offrent à leurs prêteurs un plan bien ordonné. Si ce sont des spéculateurs étrangers, la chose est encore plus inftante, car dans l'état de délabrement ou fe trouve cette machine, elle ferait reculer les plus hardis.

La Municipalité actuelle a confervé l'*Ecole de Chant*, comme une annexe inféparable de l'Opéra, fans doute pour ne pas réduire à l'extrémité les élèves qui vivent des appointemens qu'on leur donne, & en faveur des maîtres qui ont facrifié toutes leurs autres affaires à celles-là. C'eft un principe d'humanité qui eft loin d'être condamnable, mais ce n'en eft pas un d'économie. La dépenfe de l'Opéra s'en trouve fort augmentée fans aucune utilité. Les engagemens pris pour cette année doivent être tenus fans difficulté ; mais pour l'avenir, la Municipalité nouvelle doit, ce me femble, fe hâter de prendre un parti, afin que, fi elle projette une réforme, ceux qu'elle regardera puiffent d'avance en être prévenus.

J'ai peu de chofes à dire du Théâtre Français qui refte toujours dans le même état au milieu des craintes & des efpérances. Les Comédiens ont fait quelques avances auprès des gens de lettres, dans la vue, fans doute d'éviter un fecond Théâtre, & leur ont fait offrir à-peu-près toutes les conditions qu'ils pouvaient défirer, comme la propriété perpétuelle de leurs Pièces, &c. Mais les gens de lettres occupés de faire reconnaître leurs droits par l'Affemblée Nationale elle-même, à laquelle ils doivent préfenter une pétition à ce sujet, ne sont pas entrés en négociation avec les Comédiens. Au surplus, comme il s'élève sur cette question & sur quelques autres du même genre un différend entre eux & M. de Cailhava, qui doit faire paraître incessamment un mémoire, je n'ajouterai rien sur cet objet.

Il est arrivé plusieurs changemens avantageux pour les Acteurs du Théâtre Italien. Ils ont renouvelé en grande partie leur Orchestre, & l'on s'en aperçoit à l'exécution, beaucoup plus soignée qu'auparavant. Il leur reste encore dans ce genre des améliorations à faire. Il paraît qu'ils s'en occupent, & le Public leur tient déja compte de ce qu'ils ont fait, car c'est encore le Spectacle qui attire le plus de monde. Ce Théâtre qu'on avait présenté comme à l'agonie, comme n'ayant plus que le souffle, a eu néanmoins la force de soutenir une opération douloureuse, en faisant de nouveaux sacrifices pécuniaires, & il est aujourd'hui celui qui montre le plus de vigueur.

Les Comédiens ont fait plus. Accablés d'une dette immense qui s'est encore augmentée par les nouveaux arrangemens, ils ont voulu en diminuer le fardeau & ôter toute inquiétude à leurs créanciers qu'on avait déja tâché d'alarmer. Loin donc de profiter pour eux-mêmes de la réduction des parts, & d'en accroître leur revenu individuel, ils en ont abandonné le produit à la masse.

Ces parts, toujours subsistantes sont versées dans une caisse d'amortissement destinée à éteindre peu à peu la dette générale, indépendamment des fonds consacrés à en payer les intérêts. Cette opération est assurément fort honnête, & fait honneur à la probité des Comédiens ; mais on ne peut pas s'empêcher de remarquer que dans le système actuel de leur Société, c'est une duperie. Plus ils rembourseront de la dette, moins chacun d'eux partagera au bout de l'année. Ils acquerront à la vérité des propriétés pour la masse ; ils la soulageront, ils parviendront à la libérer, mais chacun d'eux en se retirant sera obligé de renoncer à toutes ces acquisitions ; il aura diminué sa fortune & ses jouissances sans aucun intérêt personnel, & n'aura fait que le bien de ses successeurs ; semblable à ces célibataires avares qui n'amassent que pour des collatéraux inconnus. Ce n'est pas cependant que je blâme un arrangement aussi sage ; mais plus il est avantageux, plus ils devraient ce me semble s'attacher aux moyens de n'en pas perdre le fruit ; & ils ne peuvent se l'assurer qu'en formant entre eux un plan de Société permanente.

Les Comédiens ne payent plus la redevance à l'Opéra ; mais comme la suppression n'en a pas encore été ordonnée d'une manière formelle, ils tiennent en réserve la somme qui serait due, prêts à la délivrer si on l'exigeait. Je ne sais si, en cela, on doit plus applaudir leur délicatesse que blâmer leur timidité. Cette redevance n'est fondée que sur le privilége de l'Opéra. Comment se fait-il que la Compagnie des Comédiens, dont les individus se sont montrés à la révolution avec tant de zèle & de courage, laisse voir comme corps tant d'attachement à l'ancien régime ? Il semble qu'elle ne puisse plier ses idées à sa nouvelle manière d'exister, & lorsqu'aux assemblées de la Commune elle a été appelée pour faire valoir ses droits, elle n'a su réclamer que de misérables priviléges.

Il n'existe plus de priviléges ; on devrait rougir d'avoir à le répéter. Pourquoi donc les Comédiens ne s'empressent-ils pas de jouir de tous les fruits de leur nouvelle indépendance? Ils attendent qu'on les délivre de la redevance de l'Opéra, & l'Opéra n'oserait la demander à personne. Ils ont sollicité auprès du Ministre & obtenu avec peine la permission de jouer des Pièces en musique, les mardi & vendredi, eh ! pouvait-on les en empêcher ? le bail leur interdit les Pièces parodiées : ils n'en ont encore joué aucune, & tous les autres Théâtres en jouent autour d'eux. Ils auraient dû sentir cependant que, dans la disette de compositeurs où ils se trouvent, ce genre bien ménagé pourrait leur être utile, qu'il donnerait un nouveau ressort à leur méthode de Chant, à leur Orcheftre, & qu'il ferait mieux placé chez eux que par-tout ailleurs.

Il n'eft plus queftion de réunir ce Théâtre à celui de *Monfieur*; la Municipalité provifoire n'ayant voulu prendre fur elle aucun arrangement définitif à l'égard des Spectacles, s'eft contentée de pourvoir aux objets les plus preffans. Elle a laiffé du refte les chofes dans l'état ou elles étaient, & il paraît que cet état n'était pas auffi critique qu'on l'avait cru, puifque chacun, fur-tout le Théâtre Italien, fe tire affez bien d'affaire.

La ville a enfin reconnu qu'il était jufte de permettre au Théâtre de *Monfieur* de bâtir où il voudrait, fans égard pour aucune réclamation. En conféquence la Compagnie a fait l'acquifition d'un terrain, rue Feydeau, & l'on y conftruit la Salle nouvelle. On efpère qu'elle fera finie au mois de feptembre prochain. Tous ceux qui s'intéreffent à ce Spectacle doivent le défirer vivement, car fa fituation actuelle eft déplorable. On y a fait cependant dernièrement quelques recettes affez brillantes, que l'on doit à la réputation d'une célèbre virtuofe, arrivée d'Italie nouvellement. Mais cela même prouve la détreffe affreufe de ce Théâtre, puifqu'il a befoin de moyens extraordinaires & difpendieux pour obtenir les recettes qu'il devrait faire communément. Ce n'eft donc que dans la nouvelle Salle que la Compagnie, ayant bien calculé sa dépense, augmentée encore par ce déplacement, & la recette qu'elle y pourra faire, connaîtra sa véritable situation, saura ce qu'elle doit espérer de son entreprise, & si elle doit la continuer ou y renoncer.

On dit que cette Compagnie est déterminée à ranimer toutes les forces absolument éteintes de l'Opéra Français. Ce projet, si elle y songe sérieusement, est sans contredit fort sage. Je le crois même essentiellement nécessaire à sa prospérité ; mais il n'est pas d'une exécution facile. Il faut, pour remonter l'Opéra Français, de bons Acteurs & de bonnes Pièces : ni l'un ni l'autre ne sont très-communs. Les Auteurs lyriques d'un talent un peu distingué ne paraissent pas très-empressés à travailler pour ce Théâtre, qui jusqu'ici n'offre aucun attrait à l'intérêt ni à l'amour-propre, & qui leur présente au contraire plusieurs motifs d'éloignement. Il est à présumer que les Entrepreneurs feront les plus grands efforts pour les ramener, mais ils auront un nouvel obstacle à vaincre.

Le Théâtre de la demoiselle Montansier a surpassé de beaucoup l'idée que nous en avions avant son ouverture, & paraît remplir fort bien l'objet auquel il nous a semblé devoir se destiner. Une troupe dans laquelle il y a plusieurs sujets de beaucoup de mérite, où il règne sur-tout un ensemble rare ; de la musique excellente, adaptée avec

adresse

adresse & avec soin à des Poëmes très-suffisamment intéressans, un fort bon Orchestre, un grand nombre de nouveautés qui se succèdent rapidement & avec succès, des Acteurs remplis d'un zèle infatigable, des Directeurs entendus & exercés ; une position de Salle très-précieuse, tels sont les avantages avec lesquels ce Théâtre s'est ouvert. Il était difficile qu'il n'eut pas beaucoup de succès, & il a eu en effet tout celui qu'il pouvait attendre.

Le Théâtre de *Monsieur*, à sa naissance, s'était proposé un semblable but ; on a même pu croire qu'il l'avait atteint à son premier succès ; mais depuis il n'a fait que décroître. Il y a quelques mois qu'il aurait pu encore remonter à son premier point, avant d'avoir entièrement perdu la confiance publique, mais aujourd'hui qu'un autre l'a acquise à ses dépens, la recouvrer est une tâche plus pénible. Le changement de Salle est sans doute l'époque où il peut l'espérer, mais il faut alors qu'il ait une meilleure Troupe que ses concurrens, de meilleures Pièces, ajustées sur d'aussi bonne musique, qu'elles soient exécutées avec plus d'ensemble, qu'un plus grand nombre d'Auteurs se montrent jaloux de leur en fournir ; que d'ailleurs l'intérieur de la machine soit conduit avec plus d'intelligence, & c'est tout cela qui n'est pas facile. Si l'Opéra Français du Théâtre de *Monsieur*, dans la nouvelle Salle, n'eſt pas très-ſupérieur à celui de Mlle Montanſier, on le trouvera fort inférieur, parce qu'il a laiſſé ſon rival s'emparer le premier de tous ſes avantages, & que l'opinion publique une fois arrêtée ne ſe ramène pas aiſément. Il peut cependant prétendre avec beaucoup de ſoins & d'efforts à rentrer dans cette conquête; mais ce n'eſt qu'après y être parvenu qu'on pourra juger lequel de ces deux Théâtres eſt digne de lutter contre le Théâtre Italien.

Ce qu'on avait craint à l'égard de la nouvelle Salle du Palais Royal eſt arrivé; depuis que les Variétés l'habitent, on dit qu'il n'y va plus perſonne. Je crois bien que cette aſſertion eſt exagérée, mais il ſuffit qu'elle ſe répande pour finir par ſe réaliſer. Il eſt probable qu'après les premiers jours donnés à la curioſité, ce Théâtre n'a plus amené que ſes habitués ordinaires. Leur nombre faiſait, dans l'ancienne Salle, des recettes moyennes de 12 à 1500 liv. Mais alors elle paraiſſait pleine. Cette même recette dans la Salle nouvelle la fait paraître vide, & dès-lors il eſt dans l'ordre qu'elle diminue de jour en jour. Il eſt donc très-inſtant que les Entrepreneurs prennent un grand parti, s'ils veulent prévenir leur ruine; il faut qu'ils ſe hâtent de monter leur Troupe de manière à rivaliſer en tout avec la Comédie Françaiſe, ou qu'ils obtiennent l'entrepriſe de l'Opéra, à laquelle on dit qu'ils n'ont pas encore renoncé. Leur genre actuel, quoique plus élevé que l'ancien, n'a pas encore une confiftance proportionnée à la grandeur de leur Salle; & ils ont befoin d'une nouveauté très-éclatante pour ramener le Public qui paraît s'éloigner d'eux.

La Municipalité paraît avoir déja fenti l'inconvénient d'une liberté indéfinie accordée aux Spectacles, relativement à leur nombre & à leur pofition. D'abord, voulant laiffer à la nomination future tout ce qui regarde cet objet, elle avait adopté un fyftême de tolérance qui favorifait les nouvelles entreprifes. Mais elle s'eft aperçue bientôt qu'elles allaient fe multiplier d'une manière dangereufe, & elle a compris qu'il ferait plus difficile & plus injufte de détruire des établiffemens faits que de les empêcher de fe former. En effet, le refus d'une permiffion ne bleffe les intérêts de perfonne. Les fpéculateurs dont les vues font contrariées peuvent les porter d'un autre côté. Mais s'ils font en pleine jouiffance, ils ont contracté des engagemens, ils ont compromis leur fortune, ils ont en un mot acquis une propriété qu'on n'a plus droit de leur ravir.

En conféquence la Municipalité actuelle s'eft oppofée à tout nouvel établiffement de Spectacles, & notamment de celui qui devait ouvrir rue S. Antoine, & qui eft maintenant deffervi trois jours de la semaine par les Beaujolais. Il vient de s'en élever un cependant au coin de la rue de Bondy, sur le berceau des Variétés, qui s'intitule *Théâtre Français, lyrique & comique*; mais ce n'est qu'une forme nouvelle adoptée par une entreprise ancienne. Ce Théâtre existait déja, dit-on, sous le titre de *Bluettes comiques*. Il paraît que le dessein de l'Entrepreneur est de donner particulièrement des Opéras Comiques parodiés. C'est un projet hardi, car ce genre d'ouvrage, dont les Poëmes nécessairement sacrifiés à la musique ne peuvent jamais être d'un grand intérêt, ne peut se soutenir qu'à l'aide d'une exécution parfaite. Si elle est mauvaise ou seulement médiocre, ce genre devient le pire de tous. Les Beaujolais & même le Théâtre de *Monsieur* ont prouvé la difficulté d'une pareille entreprise. Elle est devenue encore plus périlleuse à présent, qu'il faut lutter contre la troupe de Mlle Montansier, depuis long-temps exercée à ce genre, & même contre la Comédie Italienne, qui, sans en faire jamais son principal objet, ne peut manquer d'en enrichir son répertoire tôt ou tard.

Mais enfin, puisque ce Théâtre existe, il ne faut pas le décourager d'avance. Tant mieux s'il se montre en état d'effectuer ses grands projets. Je crois que deux Spectacles Lyri-Comiques suffisent. Le Théâtre Italien en est un : il s'agit de savoir quel autre sera digne de la concurrence, ou du Théâtre de *Monsieur*, ou de celui de Mlle. Montansier, ou de celui de la rue de Bondi, (les Beaujolais ne paraissent pas y prétendre). Ils se nuiront d'abord réciproquement, mais enfin le meilleur détruira peu à peu les autres, & c'est alors que la Municipalité (suivant mon opinion) doit s'opposer à ceux qui voudraient leur succéder.

Les Commissaires nommés pour les Spectacles ont établi sur le *quart des pauvres* des idées analogues à celles que j'ai indiquées dans cet écrit. Ils ont senti l'injustice de cette redevance, & ont proposé de la remplacer par douze représentations données les jours de grandes Fêtes, où les Spectacles sont fermés ordinairement. Cette proposition n'a pas été décidée ; on ne joue point encore les fêtes de Vierge & autres ; les Théâtres n'ont gagné que la semaine de la Passion. Cet objet mériterait sans doute une discussion plus étendue ; mais il faudrait la traiter à part, & je m'en tiens à ce que j'en ai dit.

J'espère qu'on me pardonnera d'avoir donné quelque étendue à un ouvrage sur les Spectacles. On ne saurait regarder comme futiles des objets qui ont autant d'influence sur les mœurs. Lorsque toutes les parties de l'Empire se régénèrent, il est essentiel de donner à cette branche d'industrie, plus infectée que toutes les autres des effets du def-potifme, une nouvelle organifation. Ce fera fans doute l'un des premiers foins de la Municipa-lité future. Il eft néceffaire que ceux qui auront à s'en occuper, connaiffent à fond cette matière. Or les gens qui vivent dans le monde, & qui n'ont pas pratiqué l'intérieur des Théâtres, n'en ont que des idées très-fuperficielles. Ce livre peut fervir à les éclairer. Quand on n'adopterait aucune des idées que j'y propofe, mon but ne ferait pas moins rempli, fi du moins les difcuffions qu'il renferme paraiffent avoir quelque utilité.

F I N.

TABLE.

DE l'Organisation des Spectacles, Pag. 1
De l'Opéra, 3
Du Quart des Pauvres, 17
Des Pensions. 22
De l'Ecole Royale de Chant & de Déclamation, 58
Du Théâtre de la Nation, 65
Des Honoraires d'Auteurs, 78
De la propriété des Comédiens réunis en société, 92
De l'utilité d'un second Théâtre, 107
Du Théâtre Italien, 112
Aperçu d'un projet d'association, à l'usage des Théâtres-Sociétaires, &c. 134
Du Théâtre de Monsieur, 147
Nouveau Théâtre au Palais Royal, 178
Des Variétés amusantes, *nommées aujourd'hui le* Théâtre du Palais Royal, 196
Des petits Spectacles, 209
Prix des Places aux grands Théâtres, 228
De la Censure des Pièces de Théâtre, 237
Conclusion, 246
Supplément, 247

Fin de la Table.

ERRATA.

Page 5, ligne 26, ont été forcés, *lisez* a été forcé.
Pag. 6, lig. 16, le prendre, *lis.* les prendre.
Pag. 21, dernière ligne de la note, reporté au Spectacle, *lis.* reportés au Spectacle.
Pag. 31, lig. 12, étudiés, *lis.* étudié.
Pag. 53, lig. 9, fût composée, *lis.* fût exclusivement composée.
Pag. 56, lig. 18, font *lis.* sont.
Pag. 69, lig. 15, diminuée, *lis.* diminué.
Pag. 94, lig. premiere, A la Nation; sans contredit, *lis.* A la Nation, sans contredit; *ibid.* lig. 3, dépense, *lis.* défense.
Pag. 99, lig. 9, sur, *lis.* sous.
Pag. 109, lig. 8, Théâtre, *lis.* Théâtres. *Ibid* lig. 18, Théâtres, une Actrice, *lis.* Théâtres. Une Actrice; *ibid.* lig. 19, d'amis, *lis.* d'amis; *ibid.* lig. 4 de la note, mascarades; *lis.* mascarades.
Pag. 112, lig. 5, dn Théâtre. *lis.* du Théâtre.
Pag. 131, lig. 20, lui accorde, *lis.* leur accorde.
Pag. 154, lig. 4, apprécié; sa valeur, *lis.* apprécié sa valeur.
Pag. 166, lig. 21, de l'oreille; *lis.* de l'oreille,
Pag. 174, lig. 3, idée certaine, *lis.* certaine idée.
Pag. 175, lig. 20, Spectacle, *lis.* Spectacles.
Pag. 194, lig. 26, connaissaient, *lis.* connaissent.
Pag. 211, lig. 9, infame, *lis.* infâme.
Pag. 222, lig. 7, écoûte, *lis.* écoute.
Pag. 225, lig. 3 & 4, d'autres l'on joue, *lis.* d'autres où l'on joue.
Pag. 233, lig. dernière, marché; s'il, *lis.* marché. S'il.
Pag. 234, lig. première, Italien. Comme, *lis.* Italien, comme.

www.ingramcontent.com/pod-product-compliance
Lightning Source LLC
Chambersburg PA
CBHW052244220526

45471CB00001B/188